Das Infanterie-Sturmabzeichen

Entstehungsgeschichte - Bilddokumente - Herstellervarianten - Besitzzeugnisse - Dokumenteneinträge

Verlag Weber

gesetzliche Hinweise

Alle in diesem Buch gezeigten zeitgeschichtlichen und militärhistorischen Berichte und Gegenstände aus der Zeit 1933-1945 dienen nur zu Zwecken der staatsbürgerlichen Aufklärung, der Abwehr verfassungswidriger und verfassungsfeindlicher Bestrebungen, der wissenschaftlichen und kunsthistorischen Forschung, der Aufklärung oder Berichterstattung über die Vorgänge des Zeitgeschehens oder der militärhistorischen und uniformkundlichen Forschung gemäß §§ 86 / 86a, Deutsches StGb.

ISBN 3-00-014570-2

1. Auflage 2006

Gedruckt in Österreich

Verlag Weber
Info@militariafachbuch.de

Sascha Weber / Schönau

Meiner Familie gewidmet

Vorwort

Liebe Leser und Sammlerfreunde,

wenn Sie über Börsen, Messen und Sammlermärkte gehen, ist Ihnen bestimmt schon aufgefallen, dass die Märkte voll sind mit Stücken aus der Zeit von 1933-45. Sind diese Stücke alle zeitgenössisch? Die Sammlermärkte sind überschwemmt von Kopien und Sammleranfertigungen.
Wie jeder Sammler, der anfängt zu sammeln, habe ich in jungen Jahren "Lehrgeld" bezahlen müssen, indem ich glaubte, dass so manches Stück ein Original ist. Jetzt nach dem ich mich 18 Jahre mit dieser Materie beschäftigt habe, kam mir der Gedanke zu dieser Veröffentlichung, die dem interessierten Sammler deutscher Auszeichnungen aus der Epoche 1939-1945 einen detaillierten Einblick in die Entstehungsgeschichte und einen Überblick der vielen Herstellervarianten des Infanterie-Sturmabzeichens geben soll.
In dieser Veröffentlichung werden alle Themen, zu dem Infanterie-Sturmabzeichen berücksichtigt, darunter viele Besitzzeugnisvarianten, der Dokumenteneintrag, zeitgenössische Trägerfotos und vieles mehr.
Alle in dieser Veröffentlichung gezeigten Stücke sind nach bestem Wissen und Gewissen ausgesuchte, zeitgenössische Stücke und stammen überwiegend aus privaten Nachlässen oder seriösen Fachhändlern.
Fast alle Stücke sind in einem getragenen Zustand und wurden bewusst in diesem Zustand ausgesucht. Ich möchte es vermeiden nur ungetragene Prunkstücke zu zeigen, sondern Stücke die im getragenen Zustand auf dem Sammlermarkt zu finden sind.

Gleichzeitig soll diese Veröffentlichung auch eine Mahnung und Erinnerung an die Schrecken des Krieges 1939-1945 sein.

Ich bedanke mich ausdrücklich bei den Sammlerfreunden, die mir Ihre Hilfe angeboten haben um diese Veröffentlichung zu ermöglichen.
Mein besonderer Dank geht außerdem an Sven Gehlenbeck, Michael Lobbe, Rico Sacher , Jürgen Wittstock-Fretter, Dirk Schneider, Robert Bruyndonckx, Frank Heukemes, Michael Fischer und Christian Reuther, die mir viele Stücke, Besitzzeugnisse, Dokumente und Trägerfotos für diese Veröffentlichung zur Verfügung gestellt haben.

Ich hoffe, diese Veröffentlichung ist für Euch eine Bereicherung und Hilfe zugleich auf dem von Sammleranfertigungen überschwemmten Markt, und wünsche Euch viel Freude beim Lesen.

Inhalt

Entstehungsgeschichte

Nach dem Überfall Deutschlands auf Polen am 1. September 1939 und dem schnellen Vorrücken der Wehrmacht bis hin zur Zerschlagung der polnischen Armee und deren Kapitulation in nur wenigen Wochen, wurde es nötig die Verdienste der deutschen Soldaten zu würdigen. Jedoch standen nur das am selben Tag erneut gestiftete Eiserne Kreuz und das am 18. Oktober 1939 gestiftete Kriegsverdienstkreuz mit deren Klassen zur Verfügung. Beide Auszeichnungen kamen laut Stiftungsverfügungen aber nur in Betracht, wenn herausragende Tapferkeit vor dem Feind (Eisernes Kreuz) oder herausragende militärische Verdienste (Kriegsverdienstkreuz) geleistet wurden. Um jedoch den harten täglichen Einsatz von deutschen Infanteristen in Nahkämpfen, Sturmangriffen oder Spähtrupps würdigen zu können, wurde erstmals mit der Entwicklung neuer tragbarer Auszeichnungen begonnen. Der damalige Oberbefehlshaber des Heeres, Generaloberst von Brauchitsch ordnete neben der Schaffung eines Panzer-Kampfabzeichens auch die Schaffung eines Infanterie-Sturmabzeichens an.
Mit den Entwurfarbeiten wurde die Firma C. E. Juncker in Berlin beauftragt, die unter Mitwirkung einer Infanterie-Abteilung und der Heeres-Bekleidungs-Abteilung Anfang Dezember 1939 mit den Arbeiten begann. Dreizehn Zeichnungen und Skizzen entstanden und wurden dem Oberbefehlshaber des Heeres vorgelegt. Alle Zeichnungen und Skizzen zeigten nach gleichen Vorgaben ein Abzeichen auf dem ein Gewehr mit einem aufgepflanzten Seitengewehr als Symbol des stürmenden Infanteristen zu sehen war. Außerdem sollte das Abzeichen von einem Eichenlaubkranz umrandet sein und den Hoheitsadler des Heeres tragen.
Der Oberbefehlshaber des Heeres wählte den besten Entwurf aus und beauftragte die Firma C. E. Juncker damit, einige Musterstücke des Abzeichens anzufertigen. Die Musterstücke wurden von C. E. Juncker aus versilbertem Zinkblech angefertigt. Nach der Begutachtung durch den Oberbefehlshaber des Heeres, unterzeichnete dieser am 20. Dezember 1939 die Stiftungsverordnung (siehe Anhang). Der Oberbefehlshaber des Heeres stiftete als sichtbares Zeichen der Anerkennung des im Sturmangriff bewährten Infanteristen das Infanterie-Sturmabzeichen. Es sollte zugleich auch ein Ansporn zu höchster Pflichterfüllung sein.

Nächste Seite:

Generaloberst Walther von Brauchitsch, geboren am 4. Oktober 1881 in Berlin. 1900 Leutnant. 1. Oktober 1931 Generalmajor. 1. Oktober 1933 Generalleutnant. 1. Mai 1935 kommandierender General des I. Armeekorps. 20. April 1936 General der Artillerie.
1. April 1937 Kommandeur des Gruppen-Kommando 4. 4. Februar 1938 Generaloberst und Oberbefehlshaber des Heeres.
Nahm am 19.Dezember 1941, als Folge der Winterkrise des deutschen Heeres in Russland, seinen Abschied. Gestorben am 18.Oktober 1948 in Munsterlager.

Ab dem 1. Januar 1940 konnte jeder Offiziers-, Unteroffiziers- und Mannschaftsdienstgrad, der Angehöriger einer Schützen-Kompanie nicht motorisierter Infanterie-Divisionen bzw. Angehöriger einer Gebirgsjäger-Kompanie war, mit dem Infanterie-Sturmabzeichen beliehen werden, wenn er an mindestens drei verschiedenen Kampftagen an drei Sturmangriffen in vorderster Linie teilnahm, und mit der Waffe in der Hand in die gegnerische Stellung bzw. Raum einbrach. Auch angerechnet und als Sturmangriffe gewertet wurden, erfolgreiche gewaltsame Erkundungen, Gegenstöße bzw. Angriffe, die zum Nahkampf geführt hatten. Verleihungen wurden durch die Regimentskommandeure veranlasst und durchgeführt.

Angehörige des Infanterie-Regiments 163 kurz nach der Verleihung mit dem Infanterie-Sturmabzeichen in Silber.

Erste nachgewiesene Verleihungen gab es während des Westfeldzuges in Belgien, kurz vor deren Kapitulation, am 28. Mai 1940.
Es wurden ein Leutnant und ein Gefreiter mit dem Infanterie-Sturmabzeichen beliehen.

Nächste Seite:

Ein Artikel aus dem Illustrierten Beobachter aus dem Jahr 1940 (Folge 24). Es zeigt sehr schön eine Aufnahme des Leutnants, der einer der ersten Träger des Abzeichens war.

Zum ersten Mal verliehen

Das Infanteriesturmabzeichen.

Nach der Teilnahme an drei Sturmangriffen erhält der Infanterist dies am 1. Januar 1940 gestiftete Ehrenzeichen verliehen. Wer es trägt, hat an Entscheidungen teilgehabt, die nur die Infanterie herbeiführen kann im Einsatz von Mann gegen Mann, wobei das Kämpfertum der Persönlichkeit letzte Bewährung erfährt.

Aufn.: J. Mantler.

Das Infanterie-Sturm-Abzeichen

Die ersten Infanteriesturmabzeichen wurden jetzt verliehen. Der junge Leutnant gehört zu den ersten Trägern des Ehrenzeichens.

PK. Pinkornelly-PBZ.

Mit Fortschreiten des Krieges, den härteren Kämpfen, zeigte es sich in der Praxis mehr und mehr, dass es nötig wurde, das Infanterie-Sturmabzeichen um eine Ausführung zu erweitern. Man verhinderte somit immer neue Verleihungsanweisungen zu erlassen. Es sollte angemerkt werden, dass diese Ausführung bei gleichen Verleihungsbedingungen nur für motorisierte Einheiten der Infanterie- und Gebirgsjäger-Regimenter, darunter Angehörge der Infanteriegeschütz-, Maschinengewehr-, Panzerabwehr-Kompanien gedacht war. Somit konnte gleichzeitig ab 1. Juni 1940 das Infanterie-Sturmabzeichen in Bronze verliehen werden.
Die Verleihungsbedingungen wurden mit weiterem Verlauf des Krieges um einige Bestimmungen ergänzt.
So wurde am 26. Februar 1941 vom Oberkommando des Heeres (O.K.H) eine Bestimmung herausgegeben, um die Verleihungsbedingungen für Angehörige der Flugabwehr-Kompanien genau zu bestimmen. Es konnten Angehörige der genannten Kompanien nur dann mit dem Infanterie-Sturmabzeichen beliehen werden, wenn diese den Sturmangriff mit vorgetragen und durch den Einsatz ihrer Waffen in vorderster Linie den Einbruch in die feindlichen Stellungen mit erzwungen hatten.

Russland 1943, unter den Angehörigen dieses Jäger-Regiments wird die Feldpost verteilt. Viele tragen das Infanterie-Sturmabzeichen in Silber.

Ferner wurde am 25. Juli 1942 nochmals eine Bestimmung vom Oberkommando des Heeres herausgegeben, die allgemein die Verleihung der Sturmabzeichen des Heeres, wo auch die Infanterie-Sturmabzeichen beinhaltet waren, auf Angehörige des Heeres oder deren unterstellte Verbände und der Waffen-SS beschränkte.

Allen Anschein nach gab es wohl viele Verleihungen von Infanterie-Sturmabzeichen an Erdkampfverbänden der Luftwaffe oder der Kriegsmarine, die diese Bestimmung nötig machte. Somit konnten Verleihungen an Angehörige der Luftwaffe oder der Kriegsmarine nur in Ausnahmefällen vollzogen werden, wo einzelne Kämpfer beider Teile in die des Heeres integriert waren, wie zum Beispiel, die Luftwaffen-Felddivisionen oder Teile der "Hermann Göring"-Division.
Da auch Polizeiverbände zum Teil direkt am Kriegsgeschehen teilnahmen (z.B. Abwehrkämpfe bei Leningrad, Partisanenbekämpfung), war auch die Erweiterung der Verleihungsbestimmungen durch das Oberkommando des Heeres vom 12. November 1942 interessant. Nun konnten auch Angehörige von Polizeiverbänden beliehen werden. Auch wurde bestimmt, dass Kommandeure von Regimentern aufwärts bei Erfüllung der Bedingungen das Infanterie-Sturmabzeichens, diese direkt vom Oberkommando des Heeres ausgehändigt bekamen.
Wieviele Verleihungen beider Stufen, im Laufe des Krieges durchgeführt wurden, steht bis heute nicht fest. Schätzungen gehen in Millionenhöhe. Nachverleihungen durch Lagerkommandeure in einigen Kriegsgefangenenlagern in den Monaten nach Kriegsende sind bewiesen, und kamen meist nur in Form von Dokumenten vor.

Rekruten des II. Bataillons der Kampfgruppe C/V werden zur Vereidigung geführt. Die Gruppenführer hatten schon Fronterfahrung. Mühlhausen 1943.

Als Trageweise wurde bestimmt, dass das Abzeichen laut Heeresverordnung auf der linken Brusttasche der Feldbluse bzw. der Dienstuniform zu tragen war. Wenn ein Eisernes Kreuz 1. Klasse vorhanden war, war das Abzeichen leicht versetzt nach rechts, unterhalb dieses zu tragen. Bei einem Verwundetenabzeichen über dieses, oder bei anderen Auszeichnungen versetzt dieser, je nach Wertigkeit der einzelnen Auszeichnung.

Dieser unbekannte Oberleutnant der Infanterie trägt sein Infanterie-Sturmabzeichen in Silber in der korrekten vorgeschriebenen Trageweise, unterhalb des EK 1.

Ein äußerst seltenes Foto eines Obergefreiten der "Hermann Göring"-Division der Luftwaffe mit einem Infanterie-Sturmabzeichen in Silber. Er trägt es in der vorgeschiebenen Trageweise über dem Verwundetenabzeichen (rechts).

Ein seltenes Foto mit zwei Angehörigen einer Polizeidivision, die im Fronteinsatz stand. Der Oberwachtmeister (rechts) trägt neben dem Verwundetenabzeichen in Schwarz ein Infanterie-Sturmabzeichen in Silber. Die Tragweise ist nicht korrekt. Das Verwundetenabzeichen müßte unterhalb des Infanterie-Sturmabzeichens sitzen. Das Foto entstand 1944 in Serbien (unten).

General der Infanterie und Kommandeur des X. Armeekorps, Friedrich Köchling (Ritterkreuz am 31.07.1942) mit der korrekten Trageweise.

Infanterie-Sturmabzeichen in den Ausführungen Silber (links) und Bronze (rechts)

Vorderseite:

Das Infanterie-Sturmabzeichen in beiden Ausführungen bestand aus einem ovalförmigen versilberten bzw. bronzierten Eichenlaubkranz, beidseitig aus je vier aufzeigenden Eichenlaubblättern. Der Fuß des Abzeichens zeigte eine stilisierte Schleife, die den Kranz zusammenhalten sollte. Der Eichenlaubkranz selbst war von einem nach rechts aufzeigenden Gewehr mit aufgepflanztem Seitengewehr durchkreuzt. Am Kopf des Abzeichens befand sich ein mit halbausgebreiteten Schwingen sitzender, nach links schauender Hoheitssadler des Heeres. Mit seinen Klauen hielt dieser ein Hakenkreuz an dessen oberen und rechten Schenkeln fest. Gewöhnlich war bei den meisten Herstellervarianten zwischen dem Hakenkreuz und dem oberen Gewehrlauf ein kleiner durchbrochener Spalt, der aber bei einigen Varianten auch verbunden sein konnte.

Rückseite:

Die Rückseite war meist glatt geprägt und wurde mit einem senkrechten Nadelsystem versehen, dessen Nadelscharnier und Nadelhaken mit dem Abzeichen verlötet, vernietet oder auch eingequetscht sein konnte. Die Herstellermarkierungen, sofern vorhanden, wurden an unterschiedlichen Stellen der Rückseite erhaben geprägt, eingeprägt oder selten eingeschlagen, meist jedoch unterhalb des Nadelscharniers.

Allgemein war das Abzeichen leicht oder etwas stärker gewölbt, wobei es herstellerbedingte oder prägebedingte Ausnahmen gab und das Abzeichen flach geprägt wurde (z.B. E. Ferdinand Wiedmann, Frankfurt am Main).

a)

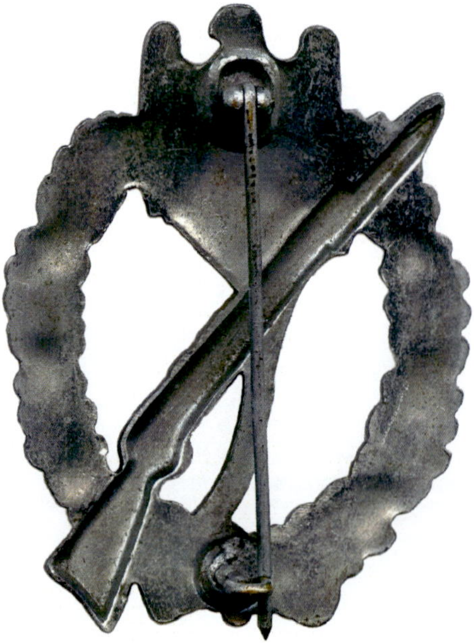

b)

c)

Drei Infanterie-Sturmabzeichen unterschiedlicher Hersteller und Prägearten:

a) massiv geprägtes Stück (Hersteller FZS)

b) halbhohl geprägtes, massives Stück aus Zink. (unbekannter Hersteller)

c) hohl geprägtes Stück aus Buntmetall (Hersteller L/18, B.H. Mayer)

Materialien und Prägearten:

Je nach Hersteller und der kriegsbedingten engen Rohstofflage gab es unterschiedliche Prägearten und Materialien, wobei manche herstellerbedingten Prägearten nicht immer auf die Rohstofflage zurückzuführen sind, sondern auf die Kostenersparnis in der Produktion.
Anfangs in den Jahren 1940 bis 1941 kamen überwiegend Hohlprägungen aus Messing, Bronze oder anderen hochwertigen Materialien vor. Ab 1941 bis 1944 überwiegend massiv oder halbhohl geprägte Stücke aus Buntmetall-Legierungen (Nichteisenmetalle oder Schwermetalle, nicht magnetisch), die somit im Gesamtgewicht etwas schwerer waren. Beginnend mit der kriegsbedingten knappen Rohstofflage im Jahre 1942 bis 1945 wurden überwiegend nur noch Abzeichen aus reinem, leicht zu bearbeiteten Zink, der zwar auch zu den Buntmetallen gehörte, aber separat aufgeführt wird, gefertigt. Zink, ein blau-weiß schimmerndes, nicht magnetisches Metall, das mit Luftsauerstoff leicht oxydierte und dabei Zinkcarbonat und Oxyd bildete. Diese Stoffe verhinderten eine weitere Luftzufuhr zum eigentlichen Metall und konservierten dieses. In den letzten Kriegsjahren bis zum Kriegsende wurde von einigen Herstellern auch eine Metallmischung verwendet, die als Kriegsmetall bezeichnet wurde, ein eher minderwertiges und leichtes Metall. Dabei wurden Reste von Metallen miteinander verschmolzen, gewalzt und zur Prägung von Auszeichnungen verwendet.
Buntmetall-Legierungen wurden von einigen Herstellern nur noch selten verwendet. Das billige und leicht zu verarbeitende Zink dürfte wohl der meist verwendete Werkstoff für Auszeichnungen in der mittleren bzw. späteren Phase des Krieges gewesen sein.
Vereinzelt wurden von einigen Herstellern auch Stücke aus dem Austauschwerkstoff Cupal, ein kupferplattiertes Aluminiumblech und aus reinem Aluminiumblech gefertigt.

Nadelsysteme:

Da das Infanterie-Sturmabzeichen von sehr vielen Herstellern gefertigt wurde, gab es sehr viele unterschiedliche Nadelsysteme, bestehend aus Nadelscharnier, Nadel und Nadelhaken. Weit verbreitet sind Nadelsysteme mit einfachen, gefalteten Scharnieren, die meist verlötet wurden und bei vielen unbekannten Herstellern vorkommen. So genannte Kugelscharniere, die in das Abzeichen eingequetscht wurden (z.B. Adolf Scholze), kamen überwiegend bei Stücken mit Herstellerangabe vor. Einige Hersteller ließen sich jedoch auch andere Lösungen für ein Nadelscharnier einfallen. Wie zum Beispiel ein im rechten Winkel gebogenes Zinkplättchen mit einer Bohrung für die Nadel. Dieses Plättchen wurde in das Abzeichen, in einer Vertiefung eingequetscht (Friedrich Linden).
Auch wurden Nadelscharniere oft auf ein Plättchen verlötet und dieses wiederum mit dem Abzeichen verlötet, wie auch meist die Nadelhaken. Diese Plättchen wurden verwendet um die Haftung auf Zink zu verbessern. Je nach Hersteller wurden unterschiedliche Materialen wie zum Beispiel Zink, Buntmetall-Legierungen oder Eisen für die Nadelsysteme verwendet. Bei allen vorliegenden Stücken zeigte der

Nadelhaken stets eine Öffnung nach rechts, außer bei Stücken mit zeitgenössich reparierten Nadelhaken oder bei Stücken von Sohni, Heubach und Co. Eine genaue Fertigungsvorschrift, wo dieses vorgeschrieben ist, lässt sich jedoch nicht finden. Die Nadeln waren bei vorliegenden Stücken meist drahtförmig, mal länger, mal etwas dicker, je nach Hersteller angespitzt, abgerundet oder einfach belassen.

a)

b)

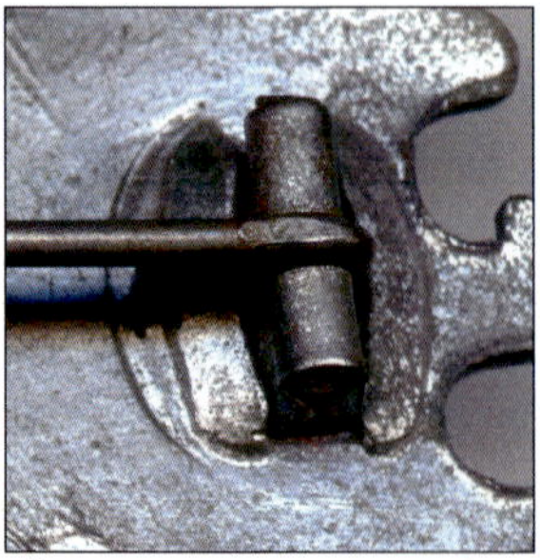

c)

d)

e)

a) massives Scharnier, verlötet
b) mitgeprägtes Scharnier
c) Faltscharnier, eingequetscht
d) massives Kugelscharnier, eingequetscht
e) Faltscharnier, verlötet

a)

b)

c)

a) Nadelhaken eingequetscht
b) Nadelhaken auf Plättchen, verlötet
c) Nadelhaken mitgeprägt

Ein MG-Trupp der Waffen-SS geht in einem Wald in Stellung (oben) und nimmt den Gegner unter Beschuß (unten). Beide Aufnahmen entstanden während des Westfeldzuges im Jahr 1940.

Herstellervarianten

Dieser Abschnitt behandelt zeitgenössische Infanterie-Sturmabzeichen in Silber und Bronze bekannter und (noch) unbekannter Hersteller. Alle Herstellervarianten werden zum einen in so genannten Designgruppen bzw. in Gruppen eigenständiger Herstellerdesigns dargestellt. In Designgruppen sind mehrere Hersteller bzw. mindestens zwei Hersteller zusammengefasst, die sich ein Design teilten oder eine Zusammenarbeit bestandt.
Hersteller mit eigenem Design werden zusammen mit eventuell vorhandenen Varianten dargestellt.
Da die meisten Hersteller Infanterie-Sturmabzeichen in den Ausführungen Silber und Bronze fertigten, und diese identisch sind, wird von dem jeweiligen Hersteller nur ein Stück in Bronze oder Silber dargestellt. Alle Maße und Gewichte eines Stückes sind Richtwerte, da es bei jedem Hersteller durch Abnutzung der Prägewerkzeuge geringe Toleranzen gab.

"S.H.u.Co." - Design

Sohni, Heubach und Co. galt in der Sammlerwelt lange Zeit als einzigster Hersteller aus Idar-Oberstein der Infanterie-Sturmabzeichen fertigte und dem alle unmarkierten Stücke mit identischem Design zugeordnet wurden. Die Tatsache das in den letzten Jahren unmarkierte Stücke in Tüten des Herstellers Gottlieb & Wagner aus Idar-Oberstein auftauchten, lässt den Schluß zu, dass sich einige Hersteller aus Idar-Oberstein dieses Design teilten. Vermutlich verwendeten diese Hersteller dieses Design durch Ankauf von Prägewerkzeugen oder durch eine Zusammenarbeit mit S.H.u.Co. Es kann gesagt werden, das unmarkierte Stücke nicht mit Sicherheit aus der Produktion von S.H.u.Co. stammen.

Hersteller: *Sohni, Heubach und Co. / Idar-Oberstein*
Herstellermarkierung: *"S.H.u.Co. 41" rückseitig im Gewehr erhaben geprägt*
Gewicht: *18,00 g*
Maße: *H 61,85 mm x B 47,35 mm*
Prägeart: *hohl*
Material: *Zinkblech bronziert*
Material Nadel: *Buntmetall*
Material Nadelscharnier: *Buntmetall verlötet*
Material Nadelhaken: *Buntmetall verlötet*
Merkmale: *flach*
Sonstiges: *Nadelhaken ist teils auch nach links geöffnet*
Ausf. in Silber bekannt? *unbekannt*
Fertigungszeitraum: *frühe Kriegsphase?*

Die Herstellermarkierung war leicht geschwungen. Das zusätzliche "O." stand für Oberstein.

Das Nadelscharnier wurde lässig und schief verlötet. Dennoch wurde es ausgegeben (oben). Die Markierung war leicht geschwungen. Das zusätzliche "O." der Herstellermarkierung stand für Oberstein (unten links). Das identische Nadelscharnier war auch bei massiven Stücken anzutreffen (unten rechts).

Anmerkungen:
Das gezeigte Stück ist ein leicht getragenes Original mit mangelnder Verarbeitung.

Sammlung D. Schneider

Hersteller:	*Sohni, Heubach und Co. / Idar-Oberstein*
Herstellermarkierung:	*"S.H.u.Co. 41" unterhalb des Nadelscharniers erhaben geprägt*
Gewicht:	*27,00 g*
Maße:	*H 61,20 mm x B 47,00 mm*
Prägeart:	*massiv*
Material:	*Feinzink versilbert*
Material Nadel:	*Buntmetall*
Material Nadelscharnier:	*Buntmetall verlötet*
Material Nadelhaken:	*Buntmetall verlötet*
Merkmale:	*gewölbt*
Sonstiges:	*"41" dürfte die Jahresangabe der erstmaligen Fertigung gewesen sein. Nadelhaken ist teils auch nach links geöffnet*
Ausf. in Bronze bekannt?	*ja*
Fertigungszeitraum:	*ab 1941?*

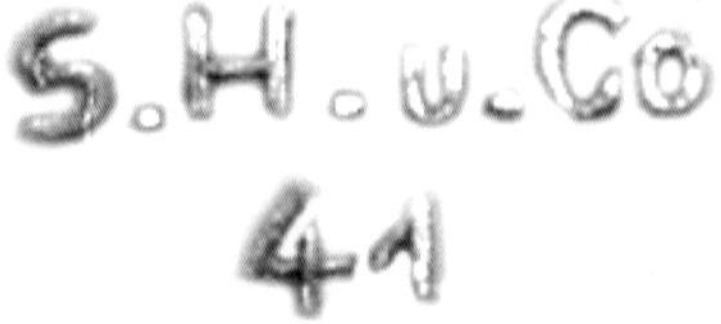

Nebenstehende Herstellermarkierung wurde nur bei massiven Zinkstücken verwendet. Die "41" stand wohl für das Jahr der Erstfertigung.

Die Herstellermarkierung wurde unterhalb des Scharniers erhaben geprägt (oben links). Der Schnabel des Adlers war im Aussehen sehr stumpf (oben rechts). Der Nadelhaken wurde auf einem Plättchen verlötet, das wiederum mit dem Abzeichen verlötet wurde (unten links). Auch das Nadelscharnier wurde verlötet (unten links).

Anmerkungen:
Dieses gezeigte, getragene Stück des Herstellers Sohni, Heubach und Co. weist ein nach links geöffneten Nadelhaken auf. Bei diesem Hersteller keine Seltenheit.

Hersteller:	*Gottlieb & Wagner / Idar-Oberstein*
Herstellermarkierung:	*unmarkiert*
Gewicht:	*26,00 g*
Maße:	*H 61,45 mm x B 46,20 mm*
Prägeart:	*massiv*
Material:	*Zink versilbert*
Material Nadel:	*Buntmetall*
Material Nadelscharnier:	*Buntmetall eingequetscht*
Material Nadelhaken:	*Buntmetall eingequetscht*
Merkmale:	*flach geprägt*
Sonstiges:	*wurde in blauen Papiertüten mit rückseitigem Herstelleraufdruck geliefert*
Ausf. in Bronze bekannt?	-
Fertigungszeitraum:	*unbekannt*

Der Nadelhaken (oben links) und das Nadelscharnier (oben rechts) wurden beide sauber eingequetscht. Der Durchbruch zwischen Hakenkreuz und Gewehr wurde sehr sauber geprägt (unten links). Auch auf der Rückseite erkennt man die sehr saubere Prägung (unten rechts).

Anmerkungen:

Das gezeigte Stück ist ein sehr gut erhaltenes Original. Die Versilberung ist altersbedingt komplett migriert. Wahrscheinlich stammt das Sück aus der späten Phase des Krieges. Stücke tauchen häufig in blauen Verleihungstüten dieses Herstellers auf (siehe Seite 178).

Sammlung S. Weber

Hersteller:	*unbekannt*
Herstellermarkierung:	*unmarkiert*
Gewicht:	*20,00 g*
Maße:	*H 61,50 mm x B 46,45 mm*
Prägeart:	*hohl*
Material:	*Eisenblech versilbert*
Material Nadel:	*Eisen*
Material Nadelscharnier:	*Eisen verlötet*
Material Nadelhaken:	*Eisen verlötet*
Merkmale:	*magnetisch*
Sonstiges:	*seltenes Stück aus Eisenblech.*
Ausf. in Bronze bekannt?	*unbekannt*
Fertigungszeitraum:	*unbekannt*

Der Nadelhaken (oben links) und das Nadelscharnier (oben rechts) wurden beide sauber verlötet. Rückseitig sieht man im Bereich des Hakenkreuzes die sehr feine Hohlprägung (unten rechts). Der Kopf des Adlers war hier sehr markant und detailliert (unten links).

Anmerkungen:
Seltenes Stück aus Eisenblech. Das Sohni, Heubach und Co der Hersteller war, ist nicht eindeutig bewiesen. In Frage kommen könnte auch ein weiterer Hersteller aus Oberstein.

Privatsammlung

Hersteller:	*unbekannt*
Herstellermarkierung:	*unmarkiert*
Gewicht:	*28,00 g*
Maße:	*H 61,40 mm x B 46,50 mm*
Prägeart:	*massiv*
Material:	*Zink versilbert*
Material Nadel:	*Buntmetall*
Material Nadelscharnier:	*Buntmetall verlötet*
Material Nadelhaken:	*Buntmetall verlötet*
Merkmale:	*flach geprägt* *mitgeprägte Vertiefungen für Nadelscharnier und Nadelhaken*
Sonstiges:	-
Ausf. in Bronze bekannt?	*unbekannt*
Fertigungszeitraum:	*unbekannt*

Der Nadelhaken (oben links) und das Nadelscharnier (oben rechts) wurden beide sauber in den vorgegebenen Vertiefungen verlötet. Der Kopf des Adlers war sehr markant und identisch mit dem "S.H.u.Co 41" - Stück (unten rechts). Ein weiteres Merkmal, die sehr markanten Spitzen der Schwingen (unten links).

Anmerkungen:
Das gezeigte Stück ist ein gut erhaltenes Original eines unbekannten Herstellers aus Oberstein.

Sammlung S. Gehlenbeck

Zwei Beamte des Heeresforstdienstes, ein Revierförsteranwärter (links) und ein Revierförster (rechts). Beide tragen ein Infanterie-Sturmabzeichen in Silber das sie an der Front erworben haben. Aufnahmen von Angehörigen des Heeresforstdienstes mit Kampfauszeichnungen sind extrem selten (Bastian Brücker)

"Souval" - Design

Dieses vom bekanntesten Wiener Hersteller, Rudolf Souval verwendete Design wurde auch von weiteren zahlreichen Herstellern aus Wien bzw. dem Großraum Wien verwendet. Welcher Hersteller der Urheber dieses Designs war, ist bis heute nicht eindeutig geklärt, wohl aber vermutlich Rudolf Souval. Fest steht, laut Aussagen von Zeitzeugen das unter Wiener Herstellern, unter anderem Friedrich Orth, Wilhelm Hobacher und Rudolf Souval eine Zusammenarbeit auf dieser Ebene bestand. Vermutlich tauschte man sich aus, und half sich gegenseitig bei Engpässen in Material oder der Produktion aus.

Hersteller:	*Rudolf Souval / Wien*
Herstellermarkierung:	*"R.S." unterhalb des Nadelscharniers erhaben geprägt*
Gewicht:	*26,00 g*
Maße:	*H 61,25 mm x B 46,95 mm*
Prägeart:	*massiv*
Material:	*Zink versilbert*
Material Nadel:	*Buntmetall*
Material Nadelscharnier:	*Buntmetall verlötet*
Material Nadelhaken:	*Buntmetall verlötet*
Merkmale:	*sehr leicht gewölbt. Das "R" des Hersteller-kürzels ist an den unteren Schenkeln abgeflacht. Kästchen des Scharniers sitzt nicht in der Mitte*
Sonstiges:	*Stücke mit breiter, bauchiger Nadel kommen vor.*
Ausf. in Bronze bekannt?	*ja*
Fertigungszeitraum:	*späte Kriegsphase*

Die unteren Schenkel des "R" sind prägebedingt mißlungen.

Die Herstellermarkierung wurde erhaben unterhalb des Nadelscharniers geprägt (oben links). Beachte die abgeflachten Schenkel am "R". Das Scharnier wurde (oben rechts) in einem erhaben geprägten Kästchen verlötet. Der Nadelhaken wurde direkt mit dem Abzeichen verlötet (unten links). Ein weiteres Detail ist die schmalere Spitze der Schwinge, links (vom Abzeichen aus gesehen) des Kopfes (unten rechts).

Anmerkungen:
Das Stück ist in einem schönen getragenen Zustand. Vorsicht bei Stücken mit Nadelhaken aus geformten Blech. Es handelt sich hierbei um eine so genannte "Souvalkralle" diese wurden ausschliesslich bei Nachkriegsanfertigungen verwendet.

Hersteller:	*Friedrich Orth / Wien*
Herstellermarkierung:	*"f.o." unterhalb des Nadelscharniers erhaben geprägt*
Gewicht:	*28,00 g*
Maße:	*H 61,20 mm x B 46,75 mm*
Prägeart:	*massiv*
Material:	*Zink versilbert*
Material Nadel:	*Buntmetall*
Material Nadelscharnier:	*Buntmetall verlötet*
Material Nadelhaken:	*Buntmetall verlötet*
Merkmale:	*gewölbt*
Sonstiges:	*Machart identisch mit Stücken von W. Hobacher*
Ausf. in Bronze bekannt?	*unbekannt*
Fertigungszeitraum:	*unbekannt*

Beide Buchstaben stehen auf einer Linie. Die Punkte sind als Querstriche ausgeprägt.

Die Herstellermarkierung wurde erhaben unter dem Nadelscharnier geprägt (oben links). Der Nadelhaken wurde in einer kleinen Vertiefung (oben rechts) und das Nadelscharnier in einem Kästchen verlötet (unten links). Auch hier verrät der Adlerkopf das identische Design mit anderen Herstellern aus Wien (unten rechts).

Anmerkungen:
Das gezeigte Stück ist ein getragenes Original in Silber. Stücke dieses Herstellers sind selten auf dem Sammlermarkt zu finden und waren lange Zeit als Kopien umstritten. Dieses wurde jedoch durch Bodenfunde widerlegt.

Sammlung S. Gehlenbeck

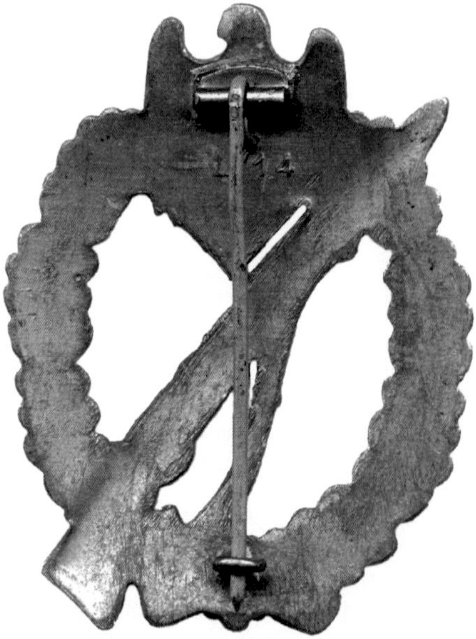

Hersteller:	*Friedrich Orth / Wien*
Herstellermarkierung:	*"L/14" unterhalb des Nadelscharniers erhaben geprägt*
Gewicht:	*29,00 g*
Maße:	*H 61,35 mm x B 46,75 mm*
Prägeart:	*massiv*
Material:	*Zink versilbert*
Material Nadel:	*Eisen*
Material Nadelscharnier:	*Eisen verlötet*
Material Nadelhaken:	*Eisen verlötet*
Merkmale:	*gewölbt*
Sonstiges:	*Gewehr rückseitig leicht ausgehöhlt*
Ausf. in Bronze bekannt?	*unbekannt*
Fertigungszeitraum:	*unbekannt*

Die LDO-Nummer besticht durch den großen Querstrich.

Die Herstellermarkierung wurde erhaben unter dem Nadelscharnier geprägt (oben links). Der Nadelhaken wurde in einer kleinen Vertiefung verlötet (oben rechts). Das Nadelscharnier wurde in einem abgerundeten Kästchen verlötet (unten links). Wie bei allen Stücken in dieser Gruppe gezeigten Herstellern, verrät auch hier der Adlerkopf das identische Design (unten rechts).

Anmerkungen:
Das gezeigte Stück ist ein gut erhaltenes Original in Silber. Wohl eine spätere Variante für den LDO-Verkauf. Stücke dieses Herstellers sind selten auf dem Sammlermarkt zu finden.

Sammlung S. Gehlenbeck

Hersteller: *W. Hobacher / Wien*

Herstellermarkierung: *"W.H." mit abgerundeten Kanten erhaben unter dem Nadelscharnier geprägt*

Gewicht: *36,00 g*

Maße: *H 61,40 mm x B 46,70 mm*

Prägeart: *massiv*

Material: *Buntmetall bronziert*

Material Nadel: *Eisen*

Material Nadelscharnier: *Eisen verlötet*

Material Nadelhaken: *Buntmetall verlötet*

Merkmale: *dicke gewölbte Prägung. Scharnier ist in einem abgerundeten Kästchen verlötet. Viele Prägeriefen auf der Rückseite*

Sonstiges: *identische Stücke existieren auch von Friedrich Orth*

Ausf. in Silber bekannt? *ja*

Fertigungszeitraum: *mittlere bis späte Kriegsphase*

Ein abgerundetes "W" ist das Merkmal von W. Hobacher.

Die Herstellermarkierung (oben links) wurde unterhalb des Nadelscharniers erhaben mitgeprägt. Wichtiges Merkmal für diese Stücke, die durch die Prägung entstandenen Aushöhlungen des Gewehrkolbens (oben rechts). Der Nadelhaken (unten links) bestand aus Buntmetall. Das Nadelscharnier aus Eisen (unten rechts) wurde in einem vorgegebenen abgerundeten, erhabenen Kästchen verlötet.

Anmerkungen:

Bei dem gezeigten Stück handelt es sich um ein stärker getragenes Original. Die Nadel aus Eisen wurde vom Rost befreit und ist dadurch narbig geblieben.

Sammlung S. Weber

Hersteller:	*Grossmann & Co. / Wien*
Herstellermarkierung:	*"GR.&Co." im abgerundeten Kästchen unterhalb des Nadelscharniers erhaben geprägt*
Gewicht:	*32,50 g*
Maße:	*H 62,20 mm x B 46,85 mm*
Prägeart:	*massiv*
Material:	*Zink versilbert*
Material Nadel:	*Eisen*
Material Nadelscharnier:	*Buntmetall eingequetscht*
Material Nadelhaken:	*Eisen eingequetscht*
Merkmale:	*leicht gewölbt. Gewehr rückseitig halbhohl*
Sonstiges:	*präzise, saubere Prägung. Die Versilberung migrierte innerhalb kurzer Zeit komplett*
Ausf. in Bronze bekannt?	*ja*
Fertigungszeitraum:	*ab der mittleren Kriegsphase*

Die Initialien des Herstellers wurden in einem abgerundeten Kästchen erhaben geprägt.

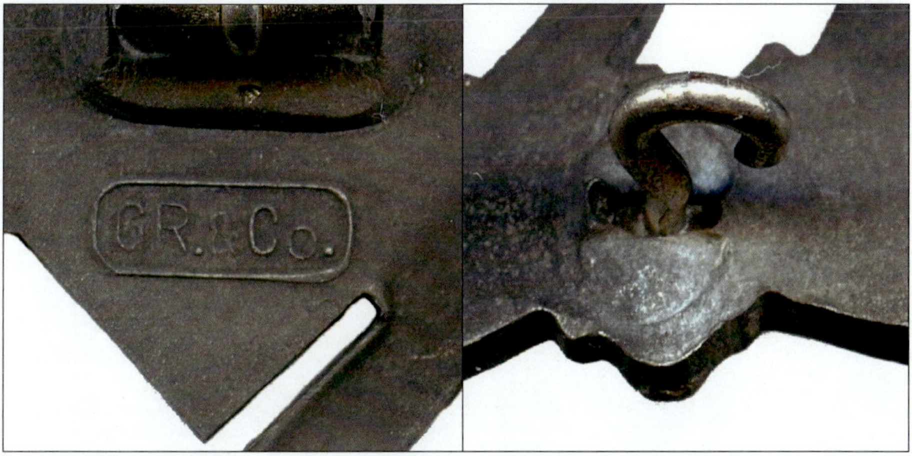

Die Herstellermarkierung wurde erhaben unter dem Nadelscharnier geprägt (oben links). Der Nadelhaken wurde (oben rechts) wie das Nadelscharnier in das Abzeichen eingequetscht (unten links). Das Gewehr wurde rückseitig prägetechnisch halbhohl geprägt (unten rechts).

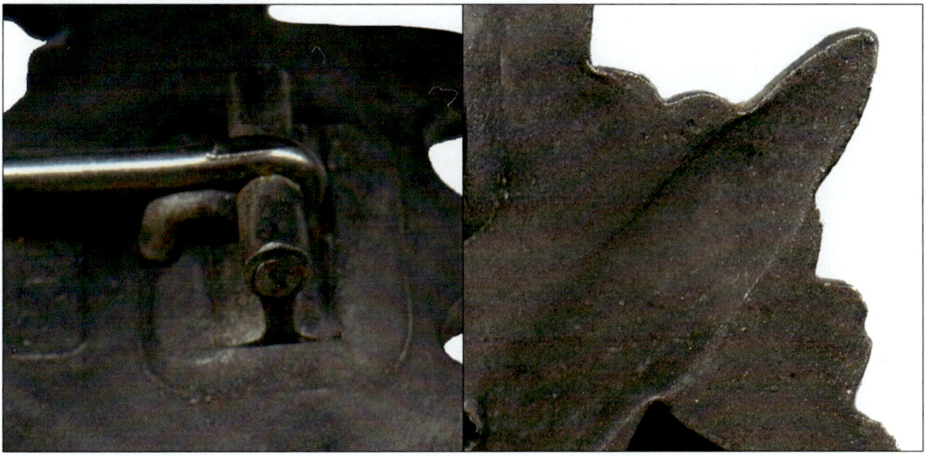

Anmerkungen:
Das gezeigte Stück ist ein getragenes Original in Silber. Wie bei den meisten Zinkstücken weist es aus altersbedingten Gründen keine Versilberung mehr auf. Das bläulich schimmernde Zink kam zum Vorschein.

Sammlung S. Gehlenbeck

Hersteller:	*unbekannt*
Herstellermarkierung:	*unmarkiert*
Gewicht:	*26,00 g*
Maße:	*H 61,05 mm x B 47,05 mm*
Prägeart:	*massiv*
Material:	*Zink versilbert*
Material Nadel:	*Buntmetall*
Material Nadelscharnier:	*Buntmetall eingequetscht*
Material Nadelhaken:	*Buntmetall eingequetscht*
Merkmale:	*gewölbt*
Sonstiges:	-
Ausf. in Bronze bekannt?	*unbekannt*
Fertigungszeitraum:	*späte Kriegsphase*

Der Nadelhaken (oben links) und das Nadelscharnier (oben rechts) wurden beide in das Abzeichen eingequetscht. Anhand der Eichenlaubblätter erkennt man die sehr hochwertige und detaillierte Prägung (unten links). Beachte den markanten, rückseitigen Gewehrkolben (unten rechts).

Anmerkungen:
Das gezeigte Stück ist ein gut erhaltenes Original. Wahrscheinlich aus der späten Phase des Krieges. Ein Teil der Versilberung ist noch vorhanden.

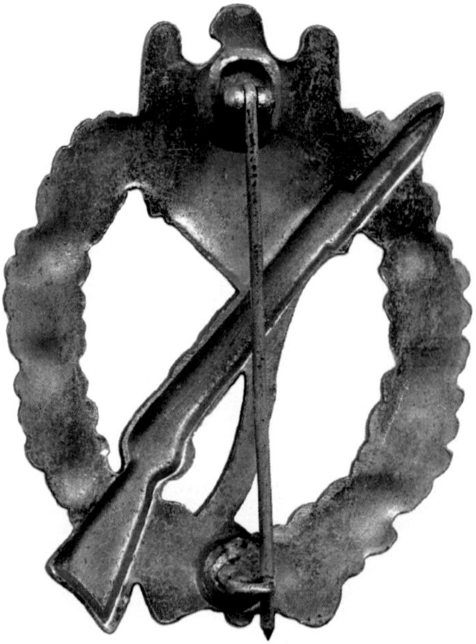

Hersteller:	*unbekannt*
Herstellermarkierung:	*unmarkiert*
Gewicht:	*24,00 g*
Maße:	*H 61,85 mm x B 46,90 mm*
Prägeart:	*halbhohl*
Material:	*Zink versilbert*
Material Nadel:	*Buntmetall*
Material Nadelscharnier:	*Buntmetall eingequetscht*
Material Nadelhaken:	*Buntmetall eingequetscht*
Merkmale:	*gewölbt*
Sonstiges:	*wurden in transparenten Cellophantüten mit LDO-Aufdruck verpackt.*
Ausf. in Bronze bekannt?	*unbekannt*
Fertigungszeitraum:	*unbekannt*

Der Nadelhaken (oben links) und das Nadelscharnier (oben rechts) wurden beide in Vertiefungen mit dem Abzeichen verlötet. Das Gewehr wurde rückseitig halbhohl geprägt. Es diente wohl der Materialeinsparung (unten links und rechts).

Anmerkungen:
Das gezeigte Stück ist ein sehr gut erhaltenes Original im Wiener Design. Es wird angenommen das der Hersteller aus Wien kam bzw. eine Zusammenarbeit bestand Diese Stücke wurden in transparente Cellophantüten mit LDO-Aufdruck verpackt *(siehe Seite 180).*

Sammlung S. Weber

Ein Begräbnis in Russland im Jahre 1943. Aus ordenskundlicher Sicht gesehen, ein sehr seltenes Fotodokument. Ein Geistlicher der Wehrmacht (rechts im Bild) der mit einem Infanterie-Sturmabzeichen in Silber beliehen wurde. Setzt man sich mit den Verleihungsbedingungen auseinander, so kann es eigentlich unmöglich Verleihungen an Geistliche der Wehrmacht gegeben haben, mußte doch jeder Beliehene mit der Waffe in der Hand an drei Sturmangriffen in vorderster Linie, an mindestens drei Kampftagen teilgenommen haben. Vermutlich begleitete dieser die Sturmangriffe um als Seelsorger die Verwundeten zu betreuen und sich um die Gefallenen zu kümmern.

"JFS" - Design

Josef Feix und Söhne war der bekannteste Hersteller aus Gablonz an der Neiße (ehem. Sudetenland) und ist in der Sammlerwelt bekannt für die Kampfabzeichen mit Einsatzzahlen (Allgemeines Sturmabzeichen und Panzerkampfabzeichen). Im Bereich der Infanterie-Sturmabzeichen bestand vermutlich mit Richard Simm und Söhne, ebenfalls aus Gablonz, eine Zusammenarbeit. Die Tatsache das beide Hersteller das gleiche Design, Nadelscharnier bzw. Nadelsystem verwendeten bekräftigt diese Vermutung. Aufgrund der hohen produzierten Stückzahl durch Josef Feix und Söhne war dieser vermutlich der Urheber des Designs und hat Richard Simm und Söhne mit Prägewerkzeuge beliefert.

 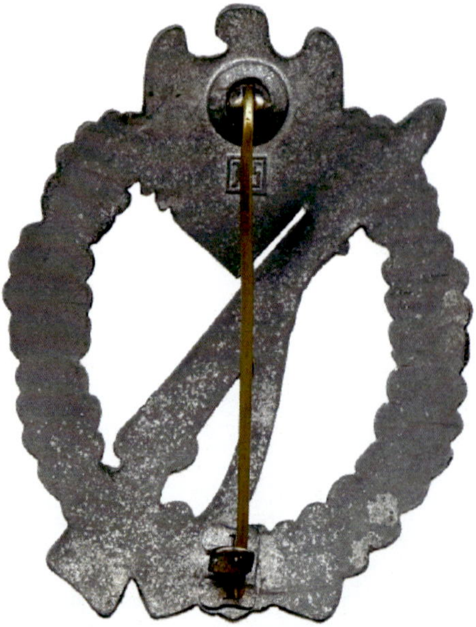

Hersteller:	*Josef Feix & Söhne / Gablonz an der Neiße*
Herstellermarkierung:	*"JFS" im Kästchen unterhalb des Nadelscharniers erhaben geprägt*
Gewicht:	*25,00 g*
Maße:	*H 61,75 mm x B 48,25 mm*
Prägeart:	*massiv*
Material:	*Zink versilbert*
Material Nadel:	*Buntmetall*
Material Nadelscharnier:	*Buntmetall eingequetscht*
Material Nadelhaken:	*Eisen eingequetscht*
Merkmale:	*leicht gewölbt*
Sonstiges:	*Kugelscharnier*
Auch in Bronze?	*ja*
Fertigungszeitraum:	*ab der mittleren Kriegsphase*

JFS stand bei allen markierten Kampfabzeichen des Herstellers stehts im Kästchen.

Die Herstellermarkierung wurde unterhalb des Scharniers erhaben geprägt (oben links). Das Hakenkreuz weist dicke Schenkel auf (oben rechts). Der Nadelhaken aus Eisen (unten links) wurde, wie das Nadelscharnier (unten rechts), in das Abzeichen eingequetscht.

Anmerkungen:
Das gezeigte Stück ist ein getragenes Original. Die Versilberung ist größtenteils berieben. Stücke dieses Herstellers sind sehr oft auf dem Sammlermarkt zu finden, da JFS in sehr großer Stückzahl produzierte.

Richard Simm & Söhne

Hersteller:	*Richard Simm & Söhne / Gablonz an der Neiße*
Herstellermarkierung:	*"R.S.S" unterhalb des Nadelscharniers erhaben geprägt*
Gewicht:	*27,00 g*
Maße:	*H 62,35 mm x B 48,55 mm*
Prägeart:	*leicht halbhohl*
Material:	*Zink bronziert*
Material Nadel:	*Buntmetall*
Material Nadelscharnier:	*Buntmetall verlötet*
Material Nadelhaken:	*Buntmetall verlötet*
Merkmale:	*gewölbt*
Sonstiges:	*bei späteren Stücken wurde das Nadelscharnier eingequetscht*
Ausf. in Silber bekannt?	*ja*
Fertigungszeitraum:	*mittlere Kriegsphase*

Richard Simm & Söhne markierte stets mit nebenstehender Markierung.

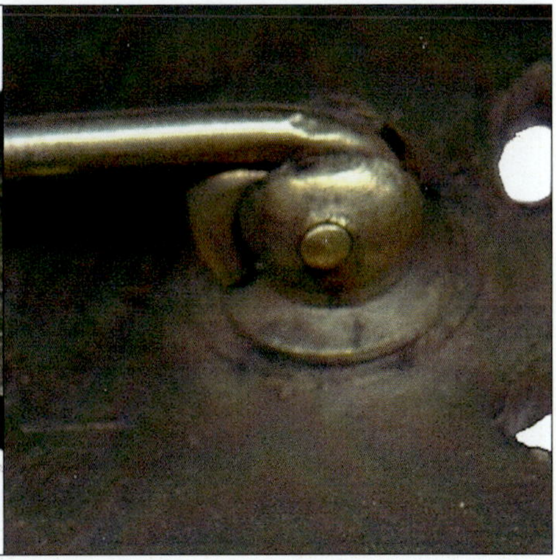

Der Nadelhaken (oben links) und das Nadelscharnier, bei diesem Hersteller ein Kugelscharnier (oben rechts), wurden beide direkt mit dem Stück verlötet. Die Herstellermarkierung wurde erhaben geprägt (unten links). Beachte das halbhohl geprägte Gewehr (unten rechts).

Anmerkungen:

Das Stück ist in einem schönen, leicht getragenen Zustand und ist auf dem Sammlermarkt selten zu finden.

Ein typischer "Ostfrontkämpfer" mit Infanterie-Sturmabzeichen in Silber, Krimschild, EK1, EK 2, Ostmedaille und Verwundetenabzeichen in Schwarz.

"M.K." - Design

Stücke mit so genannten M.K.-Design geben noch sehr große Rätsel auf. Adolf Scholze aus Grünwald mit identischem Design, ist bis heute als einzigster Hersteller identifiziert worden. Stücke mit dem Kürzel MK im Dreieck oder M.K. mit Zahlen 1-7 sind bis heute rätselhaft. Man nimmt an das M.K. für "Metall und Kunstoff" stand, eine Arbeitsgemeinschaft von verschiedenen Herstellern aus Gablonz. Interessanterweise weisen Stücke von Adolf Scholze (A.S. im Dreieck) und MK (im Dreieck) in der Machart und Prägung mehr Gemeinsamkeiten auf als zu den regulären M.K.-Stücken mit Zahlen, die sich untereinander nur in geringen Details unterscheiden. Ein M.K. 3 in diesem Bereich darzustellen war aufgrund der extremen Seltenheit leider nicht möglich

 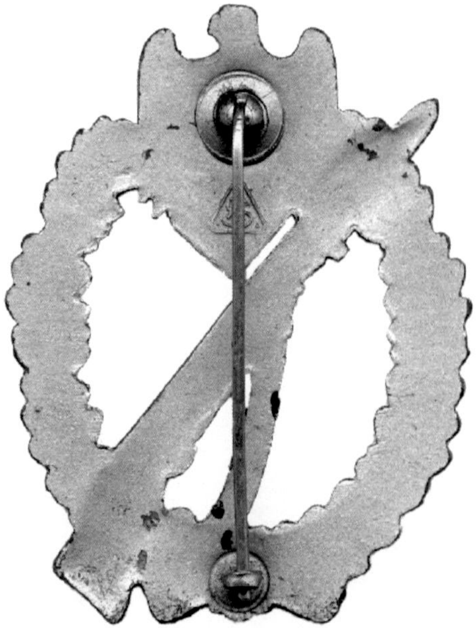

Hersteller:	*Adolf Scholze / Grünwald*
Herstellermarkierung:	*"AS" im Dreieck übereinander gelegt mit drei Punkten erhaben unterhalb des Nadelscharniers geprägt*
Gewicht:	*32,00 g*
Maße:	*H 63,00 mm x B 48,05 mm*
Prägeart:	*massiv*
Material:	*Zink versilbert*
Material Nadel:	*Buntmetall*
Material Nadelscharnier:	*Eisen eingequetscht*
Material Nadelhaken:	*Buntmetall eingequetscht*
Merkmale:	*stark gewölbt. Rückseitige leichte Aushöhlungen am Gewehrkolben und Seitengewehr*
Sonstiges:	*Kugelscharnier*
Ausf. in Bronze bekannt?	*ja*
Fertigungszeitraum:	*unbekannt*

Neben dem Design teilten sich Adolf Scholze und MK auch das Dreieck mit den jeweiligen Initialien.

Die Herstellermarkierung wurde erhaben unterhalb des Nadelscharniers mitgeprägt (oben links). Der Haken aus Buntmetall (oben rechts) wurde, wie das so genannte Kugelscharnier (unten links) eingequetscht. Ein weiteres Detail, die Spitzen der Adlerschwingen wurden rückseitig detailliert geprägt (unten rechts).

Anmerkungen:
Das gezeigte Stück ist ein sehr gut erhaltenes, getragenes Stück in Silber. Die Vorderseite ist berieben und weist tragebedingt keine Versilberung mehr auf. Die Rückseite ist sehr schön erhalten. Stücke dieses Herstellers sind von hoher Qualität.

Hersteller:	*Metall und Kunststoff / Gablonz an der Neiße?*
Herstellermarkierung:	*"HM" bzw. "KM"? im Dreieck, unterhalb des Nadelscharniers erhaben geprägt*
Gewicht:	*29,00 g*
Maße:	*H 63,05 mm x B 48,20 mm*
Prägeart:	*massiv*
Material:	*Zink versilbert*
Material Nadel:	*Buntmetall*
Material Nadelscharnier:	*Buntmetall eingequetscht*
Material Nadelhaken:	*Buntmetall eingequetscht*
Merkmale:	*Verarbeitung identisch mit Adolf Scholze*
Sonstiges:	-
Ausf. in Bronze bekannt?	*ja*
Fertigungszeitraum:	*unbekannt*

Lange Zeit erkannte man in dem "K" ein "H" und ordnete somit diese Markierung dem Hauptmünzamt München zu. Verarbeitung und Design sprechen aber für M.K.

Die Herstellermarkierung wurde unterhalb des Nadelscharniers erhaben geprägt (oben links). Der Nadelhaken (unten links) und das Nadelscharnier (oben rechts), wurden beide in das Abzeichen eingequetscht. Beachte die ovalen Quetschränder um das Kugelscharnier (unten rechts).

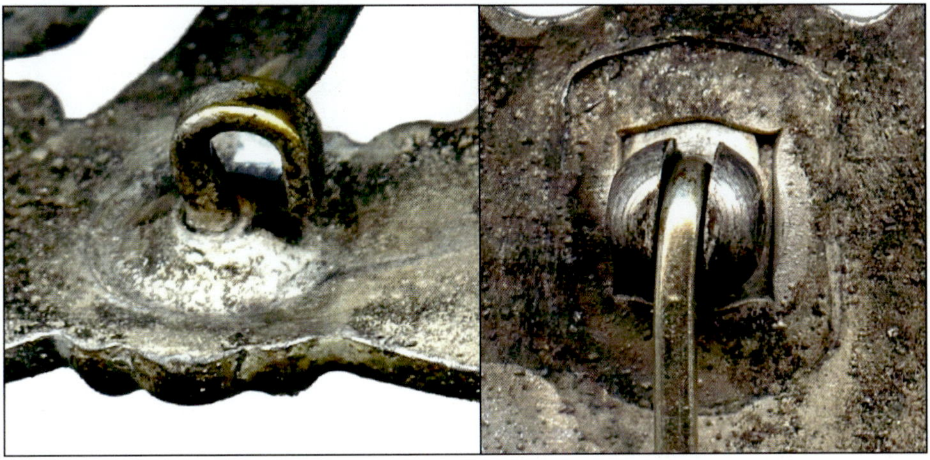

Anmerkungen:
Das gezeigte Stück ist ein leicht getragenes Zinkstück. Es unterscheidet sich zum Stück von Adolf Scholze lediglich durch die rechteckige Einquetschung des Nadelscharniers.

Sammlung S. Weber

Hersteller:	*Metall und Kunststoff / Gablonz an der Neiße?*
Herstellermarkierung:	*"M.K.1." unterhalb des Nadelscharniers erhaben geprägt*
Gewicht:	*31,00 g*
Maße:	*H 62,05 mm x B 48,05 mm*
Prägeart:	*massiv*
Material:	*Zink versilbert*
Material Nadel:	*Eisen*
Material Nadelscharnier:	*Buntmetall eingequetscht*
Material Nadelhaken:	*Eisen eingequetscht*
Merkmale:	*leicht gewölbt. Gut ausgeprägte Kanten. Leicht gekipptes, dünnes "K"*
Sonstiges:	*das Kugelscharnier war leicht versetzt sein.*
Ausf. in Bronze bekannt?	*ja*
Fertigungszeitraum:	*unbekannt*

M.K. stand vermutlich für "Metall u. Kunsstoff"- einen Firmenverbund. Die Bedeutung die Ziffer ist noch ungeklärt, vermutlich aber stand diese für den Fertigungsbetrieb.

Die Herstellermarkierung (oben links) wurde unterhalb des Scharniers erhaben geprägt. Beachte im Detail das leicht gekippte, dünne "K" (oben rechts), ein Erkennungsmerkmal. Der einfache Nadelhaken (unten links) wurde, wie das Nadelscharnier (unten rechts), in das Abzeichen eingequetscht. Am Eichenlaub war deutlich die feine und qualitative Prägung zu sehen (unten rechts).

Anmerkungen:
Das gezeigte Stück ist ein sehr gut erhaltenes Original. Die Versilberung ist leicht angelaufen und weist einige schwarze Flecken auf. Ob Metall u. Kunststoff aus Gablonz mit Sicherheit der Hersteller dieser Stücke war, wurde bis heute nicht einwandfrei geklärt.

Sammlung S. Gehlenbeck

Hersteller: *Metall und Kunststoff / Gablonz an der Neiße?*
Herstellermarkierung: *"M.K.2." unterhalb des Nadelscharniers erhaben geprägt*
Gewicht: *32,00 g*
Maße: *H 63,01 mm x B 48,50 mm*
Prägeart: *massiv*
Material: *Zink versilbert*
Material Nadel: *Eisen*
Material Nadelscharnier: *Buntmetall eingequetscht*
Material Nadelhaken: *Eisen eingequetscht*
Merkmale: *leicht gewölbt. Unförmige Herstellermarkierung*
Sonstiges: -

Ausf. in Bronze bekannt? *unbekannt*
Fertigungszeitraum: *unbekannt*

Das "K" und die "2" wurden sehr unförmig geprägt.

An der Rückseite dieses Stückes ist deutlich erkennbar das der Hersteller M.K.2 sehr hochwertige Stücke fertigte (oben). Nadelhaken und Scharnier wurden sehr sauber in das Stück eingequetscht.

Anmerkungen:

Das gezeigte Stück ist ein ungetragenes Original. Aufgrund der Seltenheit kann man davon ausgehen das M.K.2.wie M.K.3. wohl ein kleinerer Hersteller war. Es ist am Sammlermarkt extrem selten zu finden.

Sammlung R. Bruyndonckx

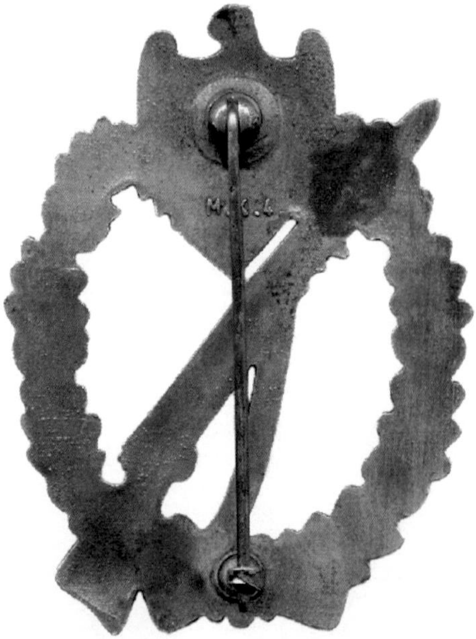

Hersteller: *Metall und Kunststoff / Gablonz an der Neiße?*
Herstellermarkierung: *"M.K.4" unterhalb des Nadelscharniers erhaben geprägt*
Gewicht: *31,00 g*
Maße: *H 62,55 mm x B 48,30 mm*
Prägeart: *massiv*
Material: *Zink versilbert*
Material Nadel: *Eisen*
Material Nadelscharnier: *Buntmetall eingequetscht*
Material Nadelhaken: *Eisen eingequetscht*
Merkmale: *leicht gewölbt. Ausgeprägte Kanten. Verkürzter Schenkel des "M"*
Sonstiges: *Kugelscharnier*
Ausf. in Bronze bekannt? *ja*
Fertigungszeitraum: *unbekannt*

Das "M" war leicht versetzt zum "K".

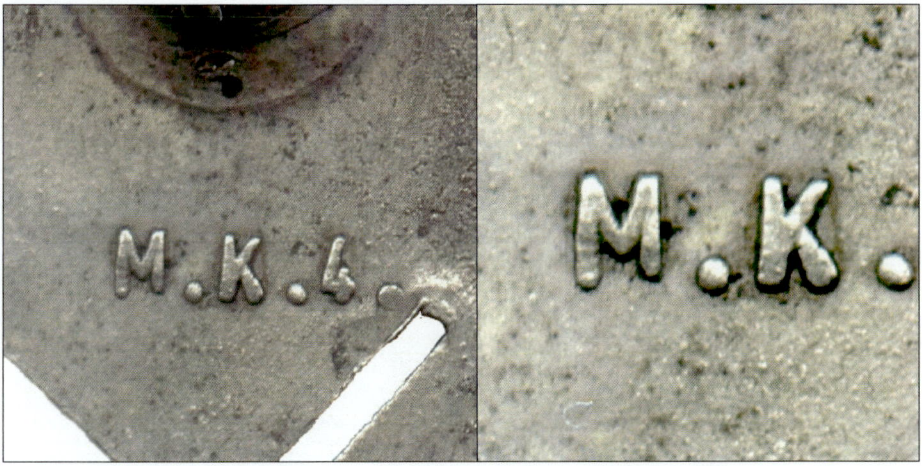

Die Herstellermarkierung (oben links) wurde unterhalb des Scharniers erhaben geprägt. Beachte im Detail der verkürzte rechte Schenkel des "M", (oben rechts). Der nach oben breit zulaufende Nadelhaken (unten links) wurde, wie das Nadelscharnier (unten rechts), in das Abzeichen eingequetscht.

Anmerkungen:
Das gezeigte Stück ist ein gut erhaltenes, getragenes Original. Die Versilberung ist leicht angelaufen und weist einige schwarze Flecken auf.

Sammlung S. Weber

Hersteller:	*Metall und Kunststoff / Gablonz an der Neiße?*
Herstellermarkierung:	*"M.K.5." unterhalb des Nadelscharniers erhaben geprägt*
Gewicht:	*30,00 g*
Maße:	*H 62,30 mm x B 48,15 mm*
Prägeart:	*massiv*
Material:	*Zink versilbert*
Material Nadel:	*Eisen*
Material Nadelscharnier:	*Buntmetall eingequetscht*
Material Nadelhaken:	-
Merkmale:	*flach geprägt*
Sonstiges:	-
Ausf. in Bronze bekannt?	*unbekannt*
Fertigungszeitraum:	*unbekannt*

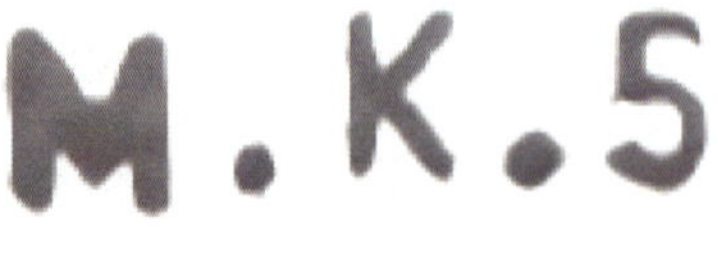

Das "K" ist hier sehr schlank und etwas kleiner geraten.

Die Machart und Fertigungsqualität ist mit anderen M.K.-Stücken indetisch. Das Kugelscharnier und der Nadelhaken (fehlt hier) wurden beide eingequetscht.

Anmerkungen:
Das gezeigte Stück ist ein leicht beschädigtes Original. Die Versilberung ist nicht mehr vorhanden. Ob Metall u. Kunststoff aus Gablonz mit Sicherheit der Hersteller dieser Stücke war, wurde bis heute nicht einwandfrei geklärt. Neben den Stücken mit der Bezeichnung M.K.2, M.K.3 sind diese Stücke extrem selten am Sammlermarkt zu finden.

Sammlung C. Reuther

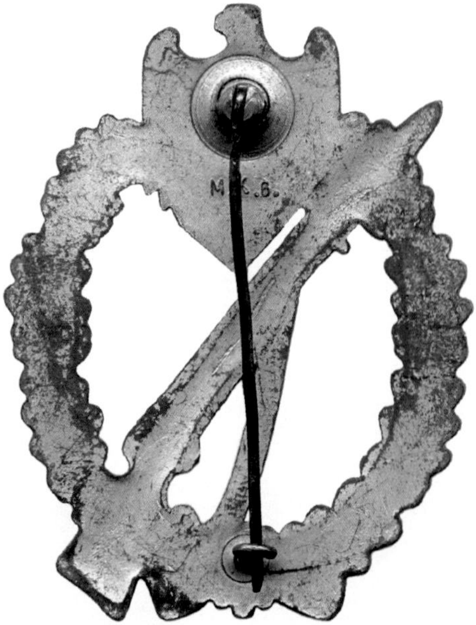

Hersteller: *Metall und Kunststoff / Gablonz an der Neiße?*
Herstellermarkierung: *"M.K.6." unterhalb des Nadelscharniers erhaben geprägt*
Gewicht: *30,00 g*
Maße: *H 62,60 mm x B 48,30 mm*
Prägeart: *massiv*
Material: *Zink versilbert*
Material Nadel: *Eisen*
Material Nadelscharnier: *Buntmetall eingequetscht*
Material Nadelhaken: *Buntmetall eingequetscht*
Merkmale: *stark gewölbt*
Sonstiges: *identische Versilberung mit AS*
Ausf. in Bronze bekannt? *unbekannt*
Fertigungszeitraum: *unbekannt*

Die "6" war leicht nach unten versetzt.

Die Herstellermarkierung (oben links) wurde unterhalb des Scharniers erhaben geprägt. Beachte im Detail die abgesenkte "6". Durchgehend identisch ist das Design aller AS- und M.K.-Stücke. Hier im Detail der Adlerkopf (oben rechts). Der Nadelhaken (unten links) wurde, wie das Nadelscharnier (unten rechts), in das Abzeichen eingequetscht.

Anmerkungen:
Das gezeigte Stück ist ein gut erhaltenes, getragenes Original. Die Versilberung ist leicht berieben.

Hersteller:	*Metall und Kunststoff / Gablonz an der Neiße?*
Herstellermarkierung:	*"M.K.7." unterhalb des Nadelscharniers erhaben geprägt*
Gewicht:	*34,00 g*
Maße:	*H 62,95 mm x B 48,05 mm*
Prägeart:	*massiv*
Material:	*Zink versilbert*
Material Nadel:	*Eisen*
Material Nadelscharnier:	*Buntmetall eingequetscht*
Material Nadelhaken:	*Buntmetall eingequetscht*
Merkmale:	*leicht gewölbt*
Sonstiges:	*das Kugelscharnier kann leicht versetzt sein*
Ausf. in Bronze bekannt?	*unbekannt*
Fertigungszeitraum:	*unbekannt*

Bei Stückem von M.K.7. waren die Punkte sehr dick ausgeprägt.

Die Herstellermarkierung wurde unterhalb des Scharniers erhaben geprägt (oben links). Der einfache Nadelhaken aus Buntmetall (unten links) wurde, wie das Nadelscharnier (unten rechts), in das Abzeichen eingequetscht. Der Adlerkopf zeigt am deutlichsten die "Verwandtschaft" zu den anderem M.K.-Stücken (unten rechts).

Anmerkungen:

Das gezeigte Stück ist ein stark getragenes Original. Ob Metall u. Kunststoff aus Gablonz mit Sicherheit der Hersteller dieser Stücke war, wurde bis heute nicht einwandfrei geklärt.

Stücke mit der Markierung M.K.7. sind seltener auf dem Sammlermarkt zu finden.

Sammlung S. Gehlenbeck

Ein Foto von einem Begräbnis eines Luftwaffen-Angehörigen. Ein Soldat trägt ein Infanterie-Sturmabzeichen in Silber. Es wurde ihm wohl verliehen als, das Erdkampfabzeichen der Luftwaffe noch nicht gestiftet war.

"Wiedmann" - Design

E. Ferdinand Wiedmann, ein hoch qualitativer Hersteller aus Frankfurt am Main teilte das Design mit einem der größten Rätsel im Bereich der deutschen Kampfabzeichen. Ein unbekannter Hersteller markierte seine Stücke mit einem "W" mit fünf Strichen bzw. ein "ÜÜ" im Kreis. Bisher wurde diese Markierung Hermann Wernstein aus Jena zugeordnet (dieses basiert auf eine Zuordnung eines Sammlers in den 50er Jahren. Ein Beleg warum dieses so geschah gibt es bis heute nicht.) Jedoch gibt es stichhaltige Hinweise die belegen das Hermann Wernstein wohl nicht der Hersteller war (Referenz Frank Heukemes, "The General Assault Badge"). Das "W" in diesem Logo könnte auch für "Wiedmann" stehen.

E. Ferdinand Wiedmann

Hersteller:	*E. Ferdinand Wiedmann / Frankfurt am Main*
Herstellermarkierung:	*"L / 51" im Kästchen auf dem Gewehrkolben, rückseitig eingeprägt*
Gewicht:	*30,50 g*
Maße:	*H 61,30 mm x B 45,90 mm*
Prägeart:	*massiv*
Material:	*Zink versilbert*
Material Nadel:	*Buntmetall*
Material Nadelscharnier:	*Buntmetall verlötet*
Material Nadelhaken:	*Buntmetall verlötet*
Merkmale:	*flach geprägt. Nadelhaken auf rundem Plättchen verlötet*
Sonstiges:	*leicht unscharfe Prägung*
Ausf. in Bronze bekannt?	*unbekannt*
Fertigungszeitraum:	*unbekannt*

Die LDO-Nummer stand bei Wiedmann stets im Kästchen.

Die Herstellermarkierung wurde schräg auf der Gewehrkolbenrückseite eingeprägt (oben links). Der Nadelhaken aus Buntmetall wurde auf ein rundes Plättchen verlötet (oben rechts) und, wie das Nadelscharnier, mit dem Abzeichen verlötet (unten links). Der Kopf des Adlers wurde sehr gut geprägt. Beachte besonders das Auge des Adlers (unten rechts).

Anmerkungen:
Das gezeigte Stück ist ein sehr gut erhaltenes Original aus Zink und kommt selten vor. Diese Stücke sind nicht allzu oft auf dem Sammlermarkt zu finden. Diese Stücke wurden durch den Hersteller in blauen Tüten verpackt und ausgegeben (siehe Seite 176).

Sammlung S. Gehlenbeck

Hersteller:	*E. Ferdinand Wiedmann / Frankfurt am Main*
Herstellermarkierung:	*unmarkiert*
Gewicht:	*21,00 g*
Maße:	*H 61,20 mm x B 45,15 mm*
Prägeart:	*massiv*
Material:	*Zink bronziert*
Material Nadel:	*Buntmetall*
Material Nadelscharnier:	*Buntmetall verlötet*
Material Nadelhaken:	*Buntmetall verlötet*
Merkmale:	*flach geprägt. Nadelhaken auf rundem Plättchen verlötet*
Sonstiges:	-
Ausf. in Silber bekannt?	*ja*
Fertigungszeitraum:	*unbekannt*

Unterhalb des Seitengewehrs wurde das Eichenlaub unscharf und sehr flach geprägt (oben links). Der Nadelhaken aus Buntmetall wurde auf ein rundes Plättchen verlötet (oben rechts) und, wie das Nadelscharnier, mit dem Abzeichen verlötet (unten links). Der Kopf des Adlers war wie bei den markierten Stücken sehr gut ausgeprägt (unten rechts).

Anmerkungen:
Das Stück ist identisch mit den markierten Stücken und gut erhalten.

Hersteller:	*unbekannt*
Herstellermarkierung:	*abgerundetes "W" mit fünf Überstrichen in Form eines "ÜÜ" im Kreis auf der Rückseite des Gewehrkolbens eingeprägt*
Gewicht:	*20,00 g*
Maße:	*H 61,45 mm x B 45,55 mm*
Prägeart:	*massiv*
Material:	*Feinzink versilbert*
Material Nadel:	*Eisen*
Material Nadelscharnier:	*Eisen verlötet*
Material Nadelhaken:	*Eisen verlötet*
Merkmale:	*flach geprägt. Nadelhaken auf rundem Plättchen verlötet*
Sonstiges:	*es gab Stücke mit breiter, bauchiger Nadel*
Ausf. in Bronze bekannt?	*ja*
Fertigungszeitraum:	*mittlere bis späte Kriegsphase*

Noch immer geben die fünf Striche über dem "W" große Rästel auf. War es eine stilisierte Krone die für Qualität stand?

Die Herstellermarkierung (oben links) wurde links vom Nadelhaken auf der Rückseite des Gewehrkolbens eingeprägt. Deutlich erkennt man am Kopf des Adlers die Verwandtschaft zum Hersteller Wiedmann (oben rechts). Der Nadelhaken (unten links) und das Nadelscharnier (unten rechts) wurden beide aufwendiger gefertigt als nachfolgende Variante.

Anmerkungen:
Getragenes Stück aus Feinzink. Lange Zeit wurden Stücke mit dieser Markierung dem Hersteller Hermann Wernstein zugeordnet. Dieses ist jedoch widerlegt und beruht jedoch auf eine fehlerhafte Zuordnung durch einen Sammler in den 50er Jahren.

Sammlung S. Gehlenbeck

Hersteller:	*unbekannt*
Herstellermarkierung:	*abgerundetes "W" mit fünf Überstrichen in Form eines "ÜÜ" im Kreis auf der Rückseite des Gewehrkolbens, diagonal eingeprägt*
Gewicht:	*24,00 g*
Maße:	*H 61,20 mm x B 46,00 mm*
Prägeart:	*massiv*
Material:	*Kriegsmetall bronziert*
Material Nadel:	*Buntmetall*
Material Nadelscharnier:	*Eisen verlötet*
Material Nadelhaken:	*Buntmetall verlötet*
Merkmale:	*flach geprägt*
Sonstiges:	*es könnte sich um ein Teiloriginal handeln*
Ausf. in Silber bekannt?	*ja*
Fertigungszeitraum:	*späte Kriegsphase?*

Viele Sammler sehen in dieser Markierung auch ein "ÜÜ".

Die Herstellermarkierung (oben links) wurde links vom Nadelhaken auf der Rückseite des Gewehrkolbens eingeprägt. Ein auffälliges Merkmal war das unscharfe und flache Eichenlaub unterhalb des Seitengewehrs das hier noch eindeutiger zu sehen ist (oben rechts). Der Nadelhaken (unten links) und das Nadelscharnier (unten rechts) wurden beide einfach gehalten und verlötet.

Anmerkungen:
Dieses gezeigte, leicht getragene Stück soll eine späte Variante aus Kriegsmetall mit vereinfachtem Nadelsystem sein. Es könnte sich nach Vermutungen auch um ein Teiloriginal handeln. Das heisst es sollen Restbestände bzw. halbfertige Rohlinge nach Kriegsende für Souvenierzwecke fertiggestellt worden sein.

Sammlung S. Gehlenbeck

Ein Unteroffizier mit Infanterie-Sturmabzeichen in Silber und KVK 2. Klasse

"Mayer" - Design

B.H. Mayer Kunstprägeanstalt aus Pforzheim (L/18), bekannt für deren hohes Maß an Qualität, wurde während des Kriegs ebenfalls mit der Produktion von Auszeichnungen beauftragt.
Das Design des Infanterie-Sturmabzeichens teilte sich B.H. Mayer mit dem Hersteller Frank & Reif aus Stuttgart. Es sind zwar geringfügige Abweichungen bei beiden Herstellern zu finden, aber vermutlich hatte das Design ein und den selben Urheber. Wer der Urheber dieses Designs war, bzw ob es von einen dieser beiden Hersteller geschaffen wurde, ist bis heute ungeklärt.

Hersteller: *B.H. Mayers Kunstprägeanstalt / Pforzheim*
Herstellermarkierung: *"L/18" auf der Oberseite der Nadel eingestempel*
Gewicht: *12,00 g*
Maße: *H 62,15 mm x B 47,20 mm*
Prägeart: *hohl*
Material: *Buntmetall versilbert*
Material Nadel: *Buntmetall*
Material Nadelscharnier: *Buntmetall verlötet*
Material Nadelhaken: *Buntmetall verlötet*
Merkmale: *sehr leicht gewölbt*
Sonstiges: *zwischen Gewehrverschluss und Eichenlaub muss ein Durchbruch sein!*

Ausf. in Bronze bekannt? *ja*
Fertigungszeitraum: *frühe Kriegsphase*

Die LDO-Nummer wurde auf der Nadel eingestempelt. Aufgrund der Rundung war die Stempelung nicht sonderlich gelungen.

Die Herstellermarkierung wurde in Form eines Stempels auf der Nadeloberseite eingeschlagen (oben links). Der Nadelhaken (oben rechts) und das Nadelscharnier (unten links) wurden beide einfach gehalten und sauber verlötet. Der Kopf des Adlers war sehr gut ausgeprägt, weicht aber etwas im Design von den Stücken von Frank & Reif ab (unten rechts).

Anmerkungen:

Bei dem gezeigten Stück handelt es sich um ein getragenes Original aus Buntmetall. Die Prägung ist sehr gut. Ein frühes Stück aus den ersten Kriegsjahren. Es ist auf dem Sammlermarkt sehr selten zu finden.

Sammlung M. Fischer

Hersteller:	*B.H. Mayers`Kunstprägeanstalt / Pforzheim*
Herstellermarkierung:	*unmarkiert*
Gewicht:	*11,00 g*
Maße:	*H 62,30 mm x B 46,15 mm*
Prägeart:	*hohl*
Material:	*Buntmetall bronziert*
Material Nadel:	*Buntmetall*
Material Nadelscharnier:	*Buntmetall verlötet*
Material Nadelhaken:	*Buntmetall verlötet*
Merkmale:	*leicht gewölbt*
Sonstiges:	-
	zwischen Gewehrverschluss und Eichenlaub muss ein Durchbruch sein!
Ausf. in Silber bekannt?	*ja*
Fertigungszeitraum:	*frühe Kriegsphase*

Der Nadelhaken (oben links) und das Nadelscharnier (oben rechts) wurden beide sauber und punktgenau verlötet. Der Kopf des Adlers war sehr markant und sauber ausgeprägt (unten links). Auch der Eichenlaubkranz war im Detail gesehen sehr hochwertig (unten rechts).

Anmerkungen:
Das gezeigte Stück ist ein sehr gut erhaltenes Original, wahrscheinlich aus der frühen Phase des Krieges.

Hersteller:	*Frank & Reif / Stuttgart*
Herstellermarkierung:	*"Fank & Reif Stuttgart" unter dem Nadelscharnier erhaben geprägt*
Gewicht:	*18,00 g*
Maße:	*H 61,85 mm x B 47,35 mm*
Prägeart:	*halbhohl*
Material:	*Zink versilbert*
Material Nadel:	*Eisen*
Material Nadelscharnier:	*Eisen verlötet*
Material Nadelhaken:	*Eisen verlötet*
Merkmale:	*gewölbt*
Sonstiges:	*fehlendes "R" in der Markierung*
Ausf. in Bronze bekannt?	*unbekannt*
Fertigungszeitraum:	*mittlere bis späte Kriegsphase*

Das fehlende "R" ist wohl auf einen Fehler bei der Herstellung der Prägestanze zurückzuführen.

Der Firmenname wurde als Herstellermarkierung erhaben unter dem Nadelscharnier geprägt. Wohl durch einen Fehler bei der Herstellung der Prägewerkzeuge wurde das „R“ vergessen (oben links). Der Nadelhaken aus Eisen wurde auf einem Plättchen mit dem Stück verlötet (oben rechts). Das Nadelscharnier wurde in einer kleinen Fassung verlötet (unten links). Der Kopf des Adlers verdeutlicht die Ähnlichkeit des Designs mit B.H. Mayer (unten rechts).

Anmerkungen:
Das gezeigte Stück ist ein getragenes Original in Silber. Stücke dieses Herstellers sind sehr selten.

Sammlung S. Gehlenbeck

Zwei Angehörige einer Polizei-Einheit. Der Oberwachtmeister (rechts) hatte Fronterfahrung und wurde mit dem Infanterie-Sturmabzeichen in Silber beliehen.

Hersteller mit eigenständigem Design und Varianten

Neben Herstellern die mit anderen "konkurierenden" Herstellern zusammenarbeiteten, sei es im Bereich des Designs durch Ankauf von Prägewerkzeugen oder durch Abgabe von Nadelsystemen, gab es weitere zahlreiche Hersteller die eigenständig Infanterie-Sturmabzeichen fertigten. Meist gab es mehrere Varianten eines Herstellers in Form von hohlen, halbhohlen und massiven Prägungen.
Viele Stücke und Varianten bekannter und (noch) unbekannter Hersteller werden nachfolgend vorgestellt.

Hersteller:	*Gebrüder Schneider AG / Wien*
Herstellermarkierung:	*"BSW" im Dreieck erhaben unterhalb des Nadelscharniers geprägt*
Gewicht:	*29,00 g*
Maße:	*H 61,25 mm x B 46,85 mm*
Prägeart:	*massiv*
Material:	*Zink versilbert*
Material Nadel:	*Buntmetall*
Material Nadelscharnier:	*Buntmetall verlötet*
Material Nadelhaken:	*Buntmetall verlötet*
Merkmale:	*leicht gewölbt*
Sonstiges:	*Nadelhaken auf rundem Plättchen verlötet*
Ausf. in Bronze bekannt?	-
Fertigungszeitraum:	*frühe bzw. mittlere Kriegsphase*

Das Initalien des Herstellers wurden in einem Kleeblatt angeordnet. Welche Bedeutung das Kleeblatt hatte ist nicht bekannt.

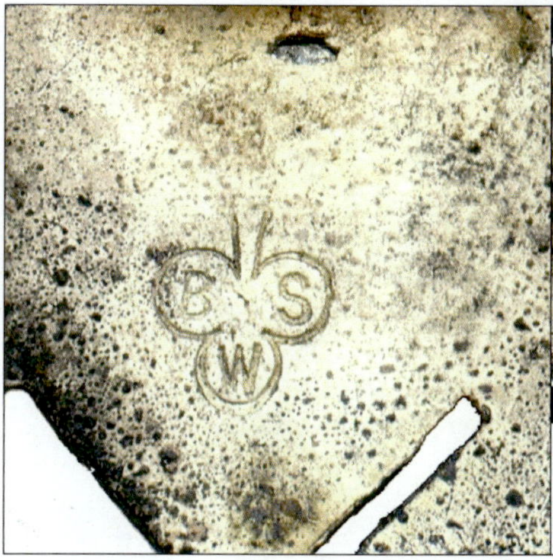

Die Herstellermarkierung wurde fein erhaben unterhalb des Nadelscharniers geprägt (oben links). Der Haken aus Buntmetall (oben rechts) wurde auf ein rundes Plättchen verlötet und mit dem Stück verlötet (unten links). Das feine Nadelscharnier wurde direkt mit dem Stück verlötet. Der Adlerkopf wurde sehr detailliert geprägt (unten rechts).

Anmerkungen:
Das gezeigte Stück ist ein leicht getragenes Original in Silber. Man trifft es auf dem Sammlermarkt nicht allzu oft an.

Sammlung S. Gehlenbeck

Hersteller:	*Gebrüder Schneider AG / Wien*
Herstellermarkierung:	*"BSW" im Dreieck erhaben unterhalb des Nadelscharniers geprägt*
Gewicht:	*29,00 g*
Maße:	*H 61,70 mm x B 46,80 mm*
Prägeart:	*massiv*
Material:	*Zink versilbert*
Material Nadel:	*Eisen*
Material Nadelscharnier:	*Eisen eingequetscht*
Material Nadelhaken:	*Buntmetall eingequetscht*
Merkmale:	*leicht gewölbt. Nadelhaken auf Plättchen verlötet*
Sonstiges:	*kein Durchbruch am Gewehrverschluß*
Ausf. in Bronze bekannt?	-
Fertigungszeitraum:	*späte Kriegsphase*

Auch bei dieser Variante wurde diese Markierung verwendet.

Die Herstellermarkierung wurde erhaben unterhalb des Nadelscharniers geprägt (oben links). Der Haken aus Buntmetall (oben rechts) wurde auf ein Plättchen verlötet und wie das Nadelscharnier (unten links) in das Stück eingequetscht. An den Kanten abgerundet und detailreich, der Adlerkopf (unten rechts).

Anmerkungen:
Das gezeigte Stück ist ein getragenes Original in Silber. Es ist wohl die späte vereinfachte Varinate des Herstellers, erkennbar an den minderwertigen Metallen die für das Nadelsystem verwendet wurden.

Hersteller: *Carl Wild / Hamburg*
Herstellermarkierung: *"CW" übereinander erhaben unterhalb des Nadelscharniers geprägt*
Gewicht: *24,00 g*
Maße: *H 62,45 mm x B 46,65 mm*
Prägeart: *massiv*
Material: *Zink versilbert*
Material Nadel: *Buntmetall*
Material Nadelscharnier: *Buntmetall verlötet*
Material Nadelhaken: *Buntmetall verlötet*
Merkmale: *leicht gewölbt. Nadelhaken auf Plättchen verlötet*
Sonstiges: *präzise gefertigtes Stück. Es gibt Kopien die nur an der Herstellermarkierung erkennbar sind!*
Ausf. in Bronze bekannt? *ja*
Fertigungszeitraum: *mittlere Kriegsphase*

Bei Kopien sind die Buchstaben kleiner, schlanker und nicht geschwungen. Die nebenstehende Markierung weisen nur originale Stücke auf.

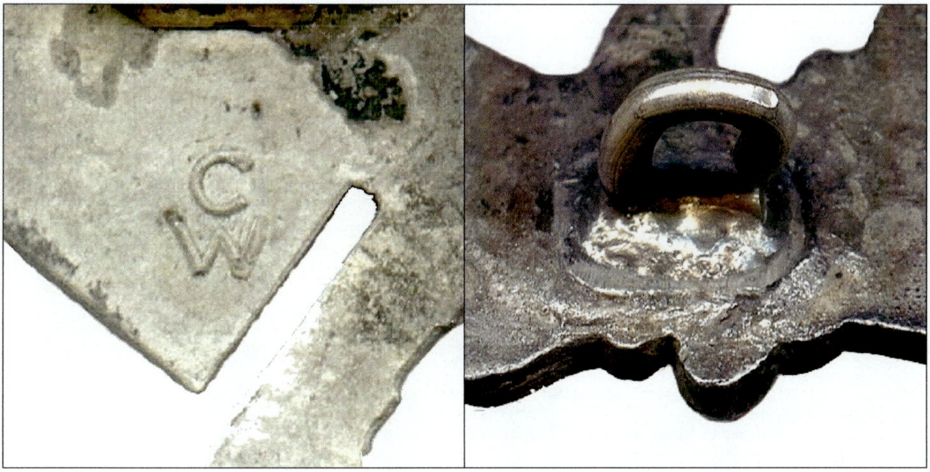

Die Herstellermarkierung wurde erhaben unterhalb des Nadelscharniers geprägt (oben links). Der Haken aus Buntmetall (oben rechts) wurde, wie das Nadelscharnier (unten links) in einer vorgegebenen erhabenen Form verlötet. Ein weiteres Detail waren die feinen Spitzen der Adlerschwingen, die sehr markant zum Adlerkopf übergingen (unten rechts).

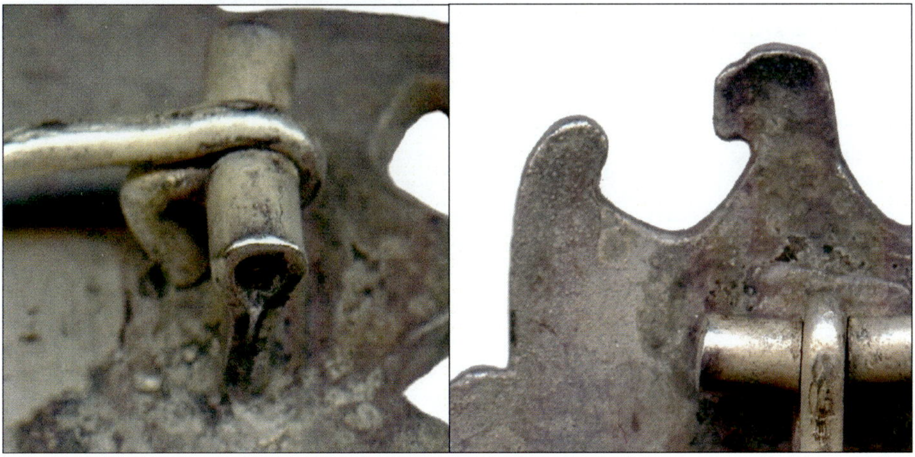

Anmerkungen:
Das gezeigte Stück ist ein sehr gut erhaltenes, getragenes Original in Silber. Die Vorderseite ist berieben und weist tragebedingt keine Versilberung mehr auf. Die Rückseite ist noch sehr schön erhalten. Kopiehinweis beachten! Nur wie oben abgebildet muss die Herstellermarkierung aussehen!

Sammlung S. Gehlenbeck

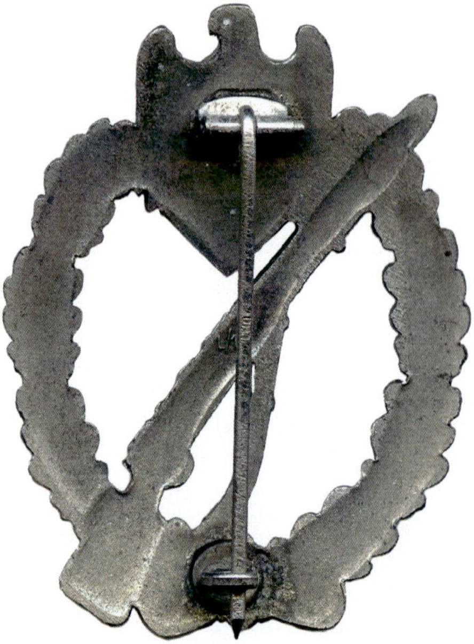

Hersteller:	*Deschler & Sohn / München*
Herstellermarkierung:	*"L/10" rückseitig des Gewehrs erhaben geprägt*
Gewicht:	*20,00 g*
Maße:	*H 61,75 mm x B 47,10 mm*
Prägeart:	*massiv*
Material:	*Zink versilbert*
Material Nadel:	*Buntmetall*
Material Nadelscharnier:	*Buntmetall verlötet*
Material Nadelhaken:	*Buntmetall verlötet*
Merkmale:	*leicht gewölbt. Nadelscharnier im abgerundeten Kästchen verlötet. Nadelhaken auf rundem Plättchen verlötet*
Sonstiges:	*leichte Aushöhlungen*
Ausf. in Bronze bekannt?	*unbekannt*
Fertigungszeitraum:	*unbekannt*

Das "L" und der Querstrich wurden miteinander verbunden. Es scheint wohl ein prägetechnischer Fehler zu sein.

Die Herstellermarkierung wurde rückseitig des Gewehrs erhaben geprägt (oben links). Der Nadelhaken wurde auf einem runden Plättchen (oben rechts) und wie das Faltscharnier verlötet (unten links). Die Krallen des Adlers wurden sehr detailliert ausgeprägt (unten rechts).

Anmerkungen:
Das gezeigte Stück ist ein gut erhaltenes Original in Silber. Deschler & Sohn war ein Qualitätshersteller und fertigte auch dieses Infanterie-Sturmabzeichen in sehr guter Detailtreue und Qualität. Es ist selten am Sammlermarkt zu finden.

Sammlung S. Gehlenbeck

Hersteller:	*Ernst L. Müller / Pforzheim*
Herstellermarkierung:	*"Ernst L. Müller" und "Pforzheim" rückseitig auf dem linken und rechten Eichenlaubkranz erhaben geprägt. Das "S" und "Z" sind jeweils spiegelverkehrt geprägt*
Gewicht:	*23,50 g*
Maße:	*H 61,15 mm x B 45,85 mm*
Prägeart:	*massiv*
Material:	*Zink versilbert*
Material Nadel:	*Buntmetall*
Material Nadelscharnier:	*Eisen verlötet*
Material Nadelhaken:	*Buntmetall verlötet*
Merkmale:	*leicht gewölbt. Nadelscharnier im Kästchen verlötet. Nadelhaken auf ovalem Plättchen verlötet*
Sonstiges:	-
Ausf. in Bronze bekannt?	*unbekannt*
Fertigungszeitraum:	*unbekannt*

Die spiegelverkehrte Prägung des "S" und "Z" könnte eventuell ein Fehler bei der Herstellung des Prägestocks gewesen sein.

Die Herstellermarkierung wurde rückseitig auf beiden Eichenlaubkranzschenkeln erhaben geprägt (oben links). Beachte das spiegelverkehrte "S" und "Z". Der Kopf des Hoheitsadlers wurde sehr einfach gehalten (oben rechts). Der Nadelhaken wurde auf einem abgerundeten Plättchen verlötet (unten links). Das Faltscharnier wurde in einem erhaben geprägten Kästchen verlötet (unten rechts).

Anmerkungen:

Das gezeigte Stück ist ein sehr gut erhaltenes, getragenes Original in Silber. Diese Stücke wurden in blauen Tüten ausgegeben (siehe Seite 177).

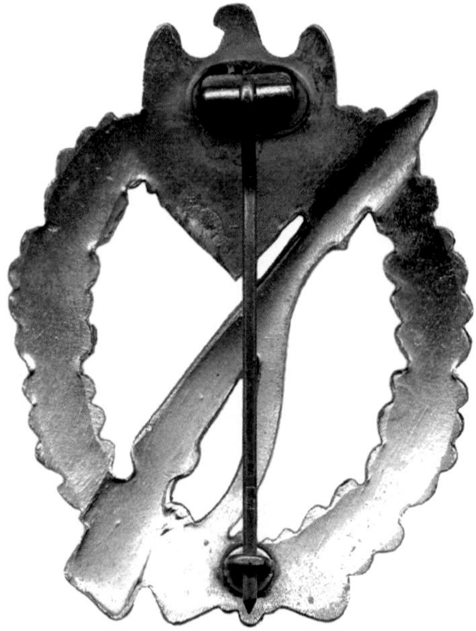

Hersteller:	*Ernst L. Müller / Pforzheim*
Herstellermarkierung:	*unmarkiert*
Gewicht:	*25,00 g*
Maße:	*H 60,95 mm x B 46,60 mm*
Prägeart:	*halbhohl*
Material:	*Zink versilbert*
Material Nadel:	*Buntmetall*
Material Nadelscharnier:	*Buntmetall verlötet*
Material Nadelhaken:	*Buntmetall verlötet*
Merkmale:	*leicht gewölbt. Nadelscharnier im ovalen Kästchen verlötet. Nadelhaken auf rundem bzw. ovalem Plättchen verlötet*
Sonstiges:	*-*
Ausf. in Bronze bekannt?	*ja*
Fertigungszeitraum:	*unbekannt*

Das Nadelscharnier wurde in einem ovalen Kästchen verlötet (oben links). Auf der Rückseite des Bajonetts erkennt man sehr schön die halbhohle Prägung des Stückes (oben rechts). Der Nadelhaken wurde auf einem runden Plättchen verlötet (unten links). Unverkennbar der typische Adlerkopf von Ernst E. Müller (unten rechts).

Anmerkungen:
Das gezeigte Stück ist ein ungetragenes Original in Silber. Man geht von einer Variante des Herstellers aus, bzw. einen späteren Prägestock.

Hersteller:	*Ernst L. Müller / Pforzheim*
Herstellermarkierung:	*unmarkiert*
Gewicht:	*15,00 g*
Maße:	*H 61,25 mm x B 45,65 mm*
Prägeart:	*hohl*
Material:	*Zinkblech versilbert*
Material Nadel:	*Buntmetall*
Material Nadelscharnier:	*Buntmetall verlötet*
Material Nadelhaken:	-
Merkmale:	*flach gestanzt*
Sonstiges:	-
Ausf. in Bronze bekannt?	*unbekannt*
Fertigungszeitraum:	*unbekannt*

Beachtlich ist diese flache hohle Prägung aus Zinkblech. Nadelscharnier und Nadelhaken (fehlt hier) wurden direkt mit den Abzeichen (auf Zink) verlötet, was zu einer schwachen Festigkeit der Lötstellen führte.

Anmerkungen:
Das gezeigte Stück ist ein stark getragenes Original. Es könnte sich um eine späte, der Materialersparnis angepassten Variante handeln. Die Verarbeitung war sehr nachlässig. Auf dem Sammlermarkt ist diese Variante sehr selten zu finden.

Sammlung S. Weber

Hersteller:	*Friedrich Linden / Lüdenscheid*
Herstellermarkierung:	*"FLL" je einzeln im Kreis, unter dem Scharnier erhaben geprägt*
Gewicht:	*29,00 g*
Maße:	*H 63,10 mm x B 47,30 mm*
Prägeart:	*massiv*
Material:	*Zink versilbert*
Material Nadel:	*Buntmetall*
Material Nadelscharnier:	*Buntmetall verlötet*
Material Nadelhaken:	*Buntmetall verlötet*
Merkmale:	*sehr leicht gewölbt*
Sonstiges:	-
Ausf. in Bronze bekannt?	*ja*
Fertigungszeitraum:	*frühe Kriegsphase*

Diese Markierung wurde erhaben geprägt. Typisch sind die geformten Buchstaben. Das "L" gleicht einer auf dem Kopf stehenden "7".

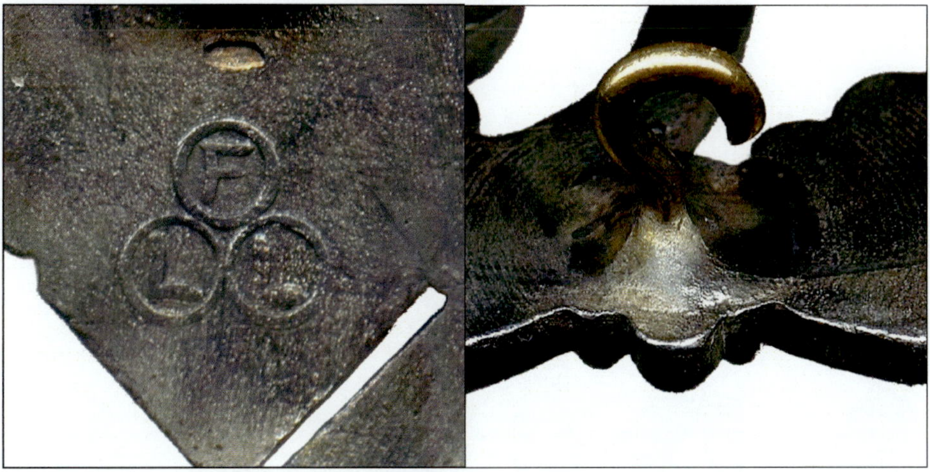

Die typische Herstellermarkierung wurde erhaben unter dem Nadelscharnier geprägt (oben links). Der Nadelhaken (oben rechts) und das Nadelscharnier (unten links) wurden beide einfach gehalten und direkt mit dem Abzeichen verlötet. Ein Merkmal dieses Herstellers, der kleine winklige Ausbruch oberhalb der Kranzkugeln (unten rechts).

Anmerkungen:

Bei dem gezeigten Stück handelt es sich vermutlich um die frühe Variante des Herstellers Friedrich Linden aus Lüdenscheid. Die Prägung ist sehr hochwertig.

Hersteller:	*Friedrich Linden / Lüdenscheid*
Herstellermarkierung:	*unmarkiert*
Gewicht:	*16,00 g*
Maße:	*H 63,10 mm x B 47,20 mm*
Prägeart:	*hohl*
Material:	*Zinkblech versilbert*
Material Nadel:	*Eisen*
Material Nadelscharnier:	*Eisen verlötet*
Material Nadelhaken:	*Eisen verlötet*
Merkmale:	*ohne Durchbruch am Hakenkreuz*
Sonstiges:	-
Ausf. in Bronze bekannt?	*unbekannt*
Fertigungszeitraum:	*unbekannt*

Das Stück wurde sehr fein geprägt und chromversilbert. Das Nadelsystem bestand aus Eisen. Nadelhaken und Scharnier wurden direkt mit dem Abzeichen verlötet.

Anmerkungen:
Das gezeigte Stück ist ein ungetragenes Original. Anhand des Designs konnte es zweifelsfrei Friedrich Linden zugeordnet werden.

Sammlung F. Heukemes

Hersteller:	*Friedrich Linden / Lüdenscheid*
Herstellermarkierung:	*unmarkiert*
Gewicht:	*25,00 g*
Maße:	*H 61,65 mm x B 47,50 mm*
Prägeart:	*massiv*
Material:	*Zink bronziert*
Material Nadel:	*Buntmetall*
Material Nadelscharnier:	*Buntmetall verlötet*
Material Nadelhaken:	*Buntmetall verlötet*
Merkmale:	*sehr leicht gewölbt. Nadel abgerundet*
Sonstiges:	-
Ausf. in Silber bekannt?	*ja*
Fertigungszeitraum:	*mittlere Kriegsphase*

Der Nadelhaken (oben links) und das Nadelscharnier (oben rechts) wurden beide einfach gehalten und direkt mit dem Abzeichen verlötet. Ein Merkmal dieses Stückes war eine kleine, runde Einprägung auf der Rückseite des Gewehrverschlusses (unten). Der Kopf des Adlers verleitet sehr zu Verwechslungen mit dem Hersteller Franke & Co aus Lüdenscheid (unten links).

Anmerkungen:

Bei dem gezeigten Stück handelt es sich um eine getragene unmarkierte Variante des Herstellers Friedrich Linden aus Lüdenscheid. Die Prägung ist sehr hochwertig und identisch mit der markierten Variante.

Hersteller:	*Friedrich Linden / Lüdenscheid*
Herstellermarkierung:	*"FLL" einzeln im Kreis in Form eines Dreiecks auf der Gewehrrückseite eingeprägt erhaben geprägt*
Gewicht:	*27,00 g*
Maße:	*H 63,35 mm x B 47,80 mm*
Prägeart:	*massiv*
Material:	*Zink versilbert*
Material Nadel:	*Buntmetall*
Material Nadelscharnier:	*Zink eingequetscht*
Material Nadelhaken:	*Zink eingequetscht*
Merkmale:	*stark gewölbt*
Sonstiges:	*Ösenscharnier*
Ausf. in Bronze bekannt?	*ja*
Fertigungszeitraum:	*ab der späten Kriegsphase*

Diese weitere Markierung wurde in das Stück eingeprägt. Sie ist deutlich kleiner, aber auch hier sind die Buchstaben leicht geformt.

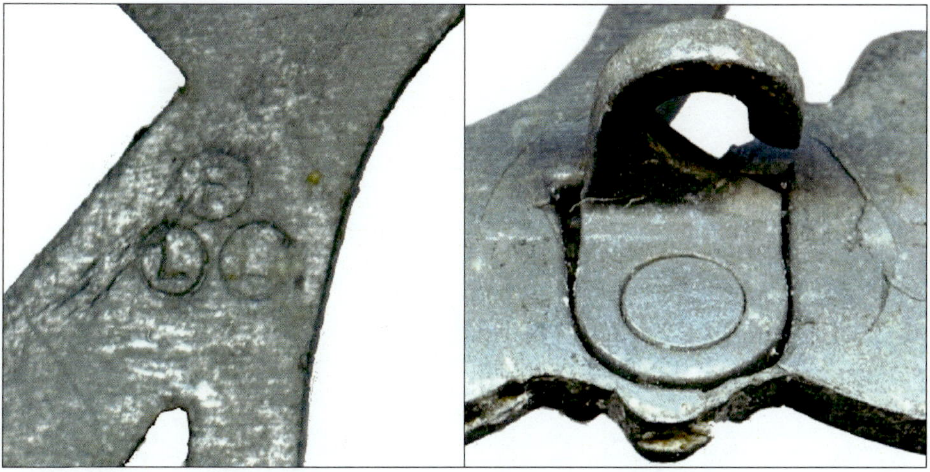

Die Herstellermarkierung wurde auf der Rückseite des Gewehrs in Höhe des Riemenanfangs eingeprägt (oben links). Der Haken aus Zink (oben rechts) wurde, wie das Nadelscharnier (unten links), in einer Vertiefung in das Abzeichen eingequetscht. Beachte die spitz nach außen gerundeten Kanten der Eichenlaubblätter (unten rechts).

Anmerkungen:
Das gezeigte Stück ist ein stark getragenes Original in Silber. Das Stück ist von geringer Qualität. Es ist anzunehmen das es aus späterer Kriegsfertigung stammt.

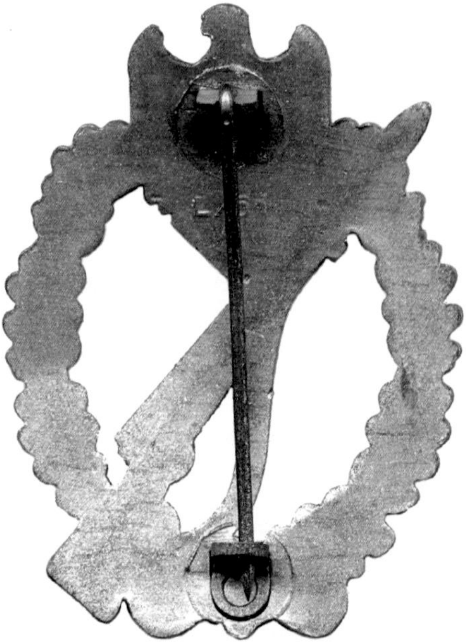

Hersteller:	*Friedrich Linden / Lüdenscheid*
Herstellermarkierung:	*"L/61" unterhalb des Nadelscharniers erhaben geprägt*
Gewicht:	*24,00 g*
Maße:	*H 63,70 mm x B 47,55 mm*
Prägeart:	*massiv*
Material:	*Zink versilbert*
Material Nadel:	*Eisen*
Material Nadelscharnier:	*Zinkblech eingequetscht*
Material Nadelhaken:	*Zinkblech eingequetscht*
Merkmale:	*stark gewölbt*
Sonstiges:	*Ösenscharnier*
Ausf. in Bronze bekannt?	*ja*
Fertigungszeitraum:	*ab der späten Kriegsphase*

Nebenstehende Markierung bzw. LDO-Nummer wurde erhaben geprägt.

Die Herstellermarkierung wurde auf der Rückseite unterhalb des Nadelscharniers erhaben geprägt (oben links). Der Haken aus Zinkblech (oben rechts) wurde, wie das Nadelscharnier (unten links), in einer Vertiefung in das Abzeichen eingequetscht. Der Adlerkopf war sehr markant geprägt (unten rechts).

Anmerkungen:

Das gezeigte Stück ist ein sehr gut erhaltenes Original in Silber. Das Stück ist von geringerer Qualität. Es ist anzunehmen das es, wie das vorangegangene Stück aus späterer Kriegsfertigung stammt. Es war für den LDO-Verkauf bestimmt.

Sammlung S. Gehlenbeck

Hersteller:	*Funcke & Brüninghaus / Lüdenscheid*
Herstellermarkierung:	*"L/56" erhaben unter dem Nadelscharnier geprägt*
Gewicht:	*37,00 g*
Maße:	*H 64,15 mm x B 48,70 mm*
Prägeart:	*massiv*
Material:	*Zink bronziert*
Material Nadel:	*Eisendraht*
Material Nadelscharnier:	*Eisen verlötet*
Material Nadelhaken:	*Eisen verlötet*
Merkmale:	*flach geprägt.* *Nadelhaken auf Plättchen gesetzt*
Sonstiges:	-
Ausf. in Silber bekannt?	*ja*
Fertigungszeitraum:	*unbekannt*

Auffällig ist der langezogene Schrägstrich der LDO-Nummer.

Die markante Herstellermarkierung wurde unter dem Nadelscharnier erhaben geprägt (oben links). Der Nadelhaken wurde auf ein rundes Plättchen gesetzt (oben rechts). Das Nadelscharnier wurde in ein secheckiges erhaben geprägtes Kästchen gesetzt und sauber verlötet (unten links). Der Kopf des Adlers war sehr stumpf und gerundet (unten rechts).

Anmerkungen:
Das gezeigte Stück ist ein gut erhaltenes Original. Stücke mit Herstellermarkierung sind seltener zu finden.

Hersteller:	*Funcke & Brüninghaus / Lüdenscheid*
Herstellermarkierung:	*unmarkiert*
Gewicht:	*37,00 g*
Maße:	*H 64,05 mm x B 48,60 mm*
Prägeart:	*massiv*
Material:	*Zink versilbert*
Material Nadel:	*Eisendraht*
Material Nadelscharnier:	*Eisen verlötet*
Material Nadelhaken:	*Buntmetall verlötet*
Merkmale:	*flach geprägt.* *Nadelhaken auf Plättchen gesetzt*
Sonstiges:	-
Ausf. in Bronze bekannt?	*unbekannt*
Fertigungszeitraum:	*unbekannt*

Der Nadelhaken wurde auf ein rundes Plättchen gesetzt (oben links), und wie das Nadelscharnier (oben rechts) sauber verlötet. Der Kopf des Adlers war sehr stumpf und gerundet (unten links). Beachte den breiten und sauberen Spalt zwischen dem Hakenkreuz und dem Gewehr (unten rechts).

Anmerkungen:
Das gezeigte Stück ist ein gut erhaltenes Original. Altersbedingt ist die Versilberung migriert. Dieses Stück wird dem benannten Hersteller zugeordnet und ist häufiger auf dem Sammlermarkt zu finden als die markierte Variante.

Sammlung S. Weber

Hersteller:	*F.W. Assmann & Söhne / Lüdenscheid*
Herstellermarkierung:	*"A" erhaben mittig des Gewehrs geprägt*
Gewicht:	*35,00 g*
Maße:	*H 61,95 mm x B 47,35 mm*
Prägeart:	*teils halbhohl*
Material:	*Zink bronziert*
Material Nadel:	*Buntmetall*
Material Nadelscharnier:	*Buntmetall verlötet*
Material Nadelhaken:	*Buntmetall verlötet*
Merkmale:	*stärker gewölbt* *Seitengewehr und Gewehrkolben sind rückseitig ausgehöhlt. Markanter Adlerkopf*
Sonstiges:	-
Ausf. in Silber bekannt?	*ja*
Fertigungszeitraum:	*unbekannt*

Das stilisierte "A" der Firma Assmann ist wohl die bekannteste Herstellermarkierung unter den Ordensherstellern gewesen. Die Firma Assmann fertigte noch bis in die 90er Jahre für die Bundeswehr.

Der Nadelhaken (oben links) und das Nadelscharnier (oben rechts) wurden sauber verlötet. Der Kopf des Adlers war sehr markant (unten links). Die Markierung, das typische Assmann "A", wurde sehr schwach auf der Mitte des Gewehrs erhaben geprägt (unten rechts).

Anmerkungen:
Das gezeigte Stück ist ein gut erhaltenes Original. Es wurde mit guter Präzision geprägt.

Hersteller:	*F.W. Assmann & Söhne / Lüdenscheid*
Herstellermarkierung:	*"A" erhaben mittig des Gewehrs und auf dem Gewehrkolben geprägt*
Gewicht:	*35,00 g*
Maße:	*H 62,05 mm x B 47,70 mm*
Prägeart:	*teils halbhohl*
Material:	*Zink versilbert*
Material Nadel:	*Buntmetall*
Material Nadelscharnier:	*Buntmetall verlötet*
Material Nadelhaken:	*Buntmetall verlötet*
Merkmale:	*stärker gewölbt* *Seitengewehr und Gewehrkolben sind rückseitig ausgehöhlt. Markanter Adlerkopf*
Sonstiges:	*Doppelmarkierung*
Ausf. in Bronze bekannt?	*ja*
Fertigungszeitraum:	*unbekannt*

Das stilisierte "A" der Firma wurde bei diesem Stück gleich zweifach erhaben geprägt.

Der Nadelhaken (oben links) und das Nadelscharnier (oben rechts) sind mit dem zuvor gezeigten Stück identisch und wurden sauber verlötet. Der Stück wurde zweifach markiert. Am Gewehrkolben (unten links) und mittig des Gewehrs wurde das Assmann "A" erhaben geprägt (unten rechts).

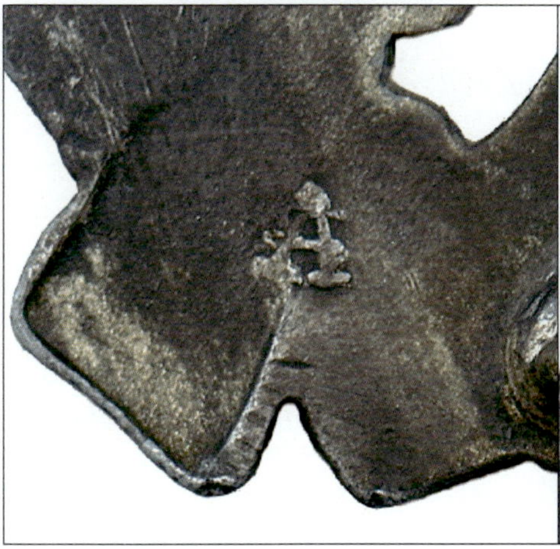
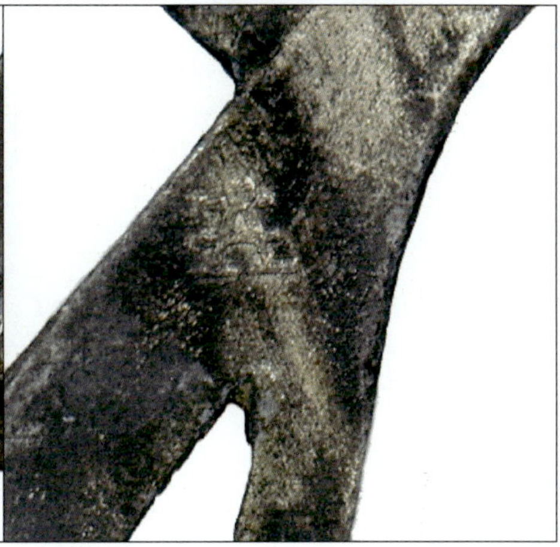

Anmerkungen:
Das gezeigte Stück ist ein gut erhaltenes Original. Es wurde kurioserweise zweifach markiert. Ob es absichtlich, oder durch Fehler geschah kann nicht gesagt werden.

Privatsammlung

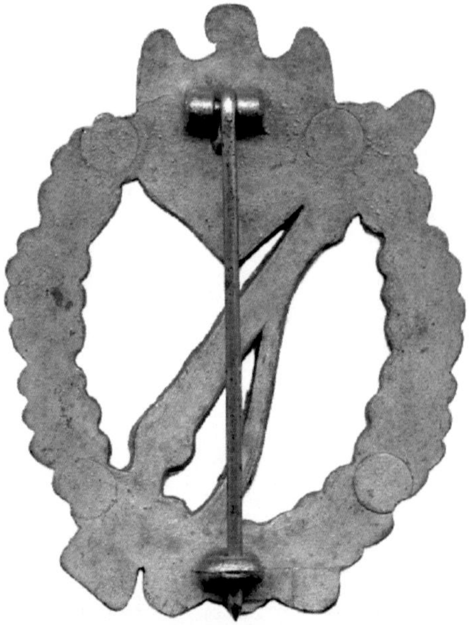

Hersteller:	*F.W. Assmann & Söhne / Lüdenscheid?*
Herstellermarkierung:	*"1" unterhalb des Nadelscharniers erhaben geprägt*
Gewicht:	*24,00 g*
Maße:	*H 60,75 mm x B 46,95 mm*
Prägeart:	*massiv*
Material:	*Zink versilbert*
Material Nadel:	*Eisen*
Material Nadelscharnier:	*Zink mitgeprägt*
Material Nadelhaken:	*Zink mitgeprägt*
Merkmale:	*leicht gewölbt. Vier Kreise auf der Rückseite. Diese stammen von der Form durch das Druckgussverfahren.*
Sonstiges:	-
Ausf. in Bronze bekannt?	*ja*
Fertigungszeitraum:	*Endphase des Krieges*

Die Ziffer stand wohl mit Sicherheit für die Gußform bzw. Maschinennummer.

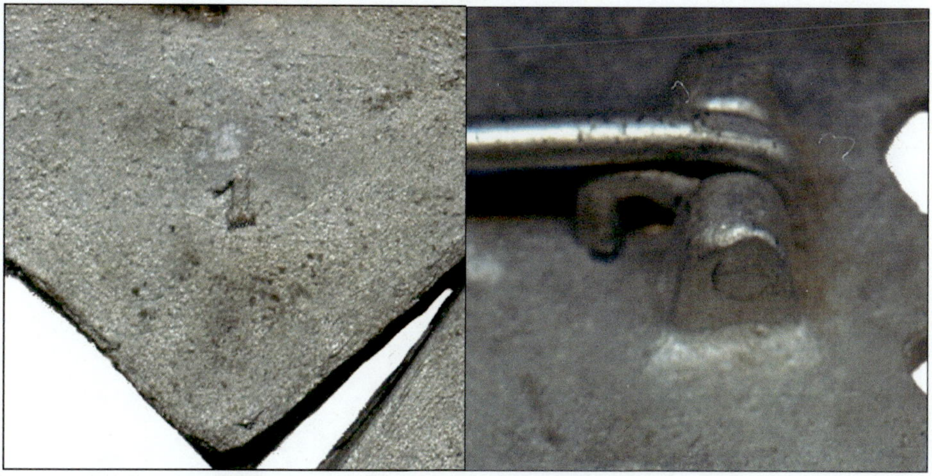

Die Hersteller- bzw. hier eventuell eine Produktionsmarkierung wurde erhaben unterhalb des Nadelscharniers mitgeprägt (oben links). Das Nadelscharnier (oben rechts) wurde, wie der Nadelhaken (unten links) durch das Druckgussverfahren mitgeprägt. Beachte im Detail einen von vier prägebedingten Kreisen auf der Rückseite (unten rechts).

Anmerkungen:

Bei dem gezeigten Stück handelt es sich um ein getragenes, gut erhaltenes Original aus der Endphase des Krieges im Jahr 1945. Man sieht deutlich die schlechtere Prägequalität des Stückes. Die Fertigungsqualität stand nicht mehr im Vordergrund.

Sammlung S. Gehlenbeck

Hersteller:	*F.W. Assmann & Söhne / Lüdenscheid?*
Herstellermarkierung:	*"2" unterhalb des Nadelscharniers erhaben geprägt*
Gewicht:	*23,00 g*
Maße:	*H 60,75 mm x B 47,95 mm*
Prägeart:	*massiv*
Material:	*Zink versilbert*
Material Nadel:	*Eisen*
Material Nadelscharnier:	*Zink mitgeprägt*
Material Nadelhaken:	*Zink mitgeprägt*
Merkmale:	*leicht gewölbt. Druckgussverfahren.*
Sonstiges:	*-*
Ausf. in Bronze bekannt?	*ja*
Fertigungszeitraum:	*Endphase des Krieges*

Die Ziffer stand wohl mit Sicherheit für die Gußform bzw. Maschinennummer.

Die Hersteller- bzw. hier eventuell eine Produktionsmarkierung wurde erhaben unterhalb des Nadelscharniers geprägt (oben links). Das Nadelscharnier (oben rechts) wurde, wie der Nadelhaken (unten links) durch das Druckgussverfahren mitgeprägt. Der Adler verdeutlicht das Assmanndesign (unten rechts).

Anmerkungen:
Bei dem gezeigten Stück handelt es sich um ein sehr gut erhaltenes Original aus der Endphase des Krieges im Jahr 1945. Deutlich erkennbar ist die schlechtere Prägequalität des Stückes. Die Fertigungsqualität stand nicht mehr im Vordergrund.

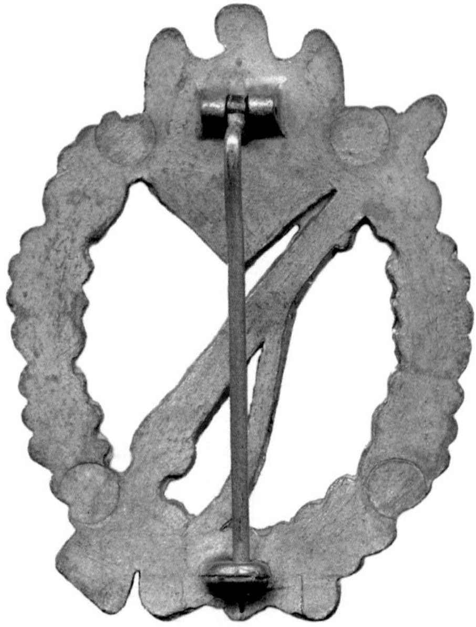

Hersteller:	*F.W. Assmann & Söhne / Lüdenscheid?*
Herstellermarkierung:	*"3" unterhalb des Nadelscharniers erhaben geprägt*
Gewicht:	*24,00 g*
Maße:	*H 60,75 mm x B 46,95 mm*
Prägeart:	*massiv*
Material:	*Zink versilbert*
Material Nadel:	*Eisen*
Material Nadelscharnier:	*Zink mitgeprägt*
Material Nadelhaken:	*Zink mitgeprägt*
Merkmale:	*leicht gewölbt. Druckgussverfahren.*
Sonstiges:	-
Ausf. in Bronze bekannt?	*ja*
Fertigungszeitraum:	*Endphase des Krieges*

Die Ziffer stand wohl mit Sicherheit für die Gußform bzw. Maschinennummer.

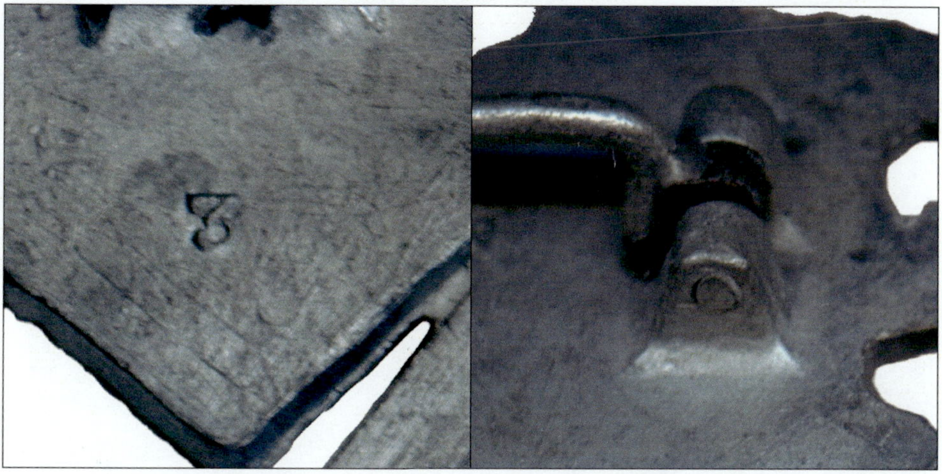

Die Hersteller- bzw. hier eventuell eine Produktionsmarkierung wurde erhaben unterhalb des Nadelscharniers geprägt (oben links). Das Nadelscharnier (oben rechts) wurde, wie der Nadelhaken (unten links) durch das Druckgussverfahren mitgeprägt. Der Adler verdeutlicht auch hier das Assmanndesign (unten rechts).

Anmerkungen:
Bei dem gezeigten Stück handelt es sich um ein sehr gut erhaltenes Original aus der Endphase des Krieges im Jahr 1945. Deutlich erkennbar ist die schlechtere Prägequalität des Stückes. Die Fertigungsqualität stand nicht mehr im Vordergrund.

Sammlung S. Gehlenbeck

Hersteller:	*F.W. Assmann & Söhne / Lüdenscheid?*
Herstellermarkierung:	*"4" unterhalb des Nadelscharniers erhaben geprägt*
Gewicht:	*20,50 g*
Maße:	*H 60,80 mm x B 47,00 mm*
Prägeart:	*massiv*
Material:	*Zink bronziert*
Material Nadel:	*Eisen*
Material Nadelscharnier:	*Zink mitgeprägt*
Material Nadelhaken:	*Zink mitgeprägt*
Merkmale:	*leicht gewölbt. Vier Kreise auf der Rückseite. Di stammen von der Form durch das Druckgussverfahren*
Sonstiges:	-
Ausf. in Silber bekannt?	*ja*
Fertigungszeitraum:	*Endphase des Krieges*

Die Ziffer stand wohl mit Sicherheit für die Gußform bzw. Maschinennummer.

Die Hersteller- bzw. hier eventuell eine Produktionsmarkierung wurde erhaben unterhalb des Nadelscharniers geprägt (oben links). Das Nadelscharnier (oben rechts) wurde, wie der Nadelhaken (unten links), durch das Druckgussverfahren mitgeprägt. Beachte im Detail die unsauberen Kanten, die nicht entgratet wurden und einen von vier prägebedingten Kreisen auf der Rückseite (unten rechts).

Anmerkungen:
Bei dem gezeigten Stück handelt es sich um ein getragenes, gut erhaltenes Original aus der Endphase des Kriegs im Jahr 1945. Man sieht deutlich die schlechtere Prägequalität des Stückes. Die Fertigungsqualität stand nicht mehr im Vordergrund.

Sammlung S. Gehlenbeck

Hersteller: *Fritz Zimmermann / Stuttgart*
Herstellermarkierung: *"FZS" im Kreis unterhalb des Nadelscharniers erhaben geprägt*
Gewicht: *26,00 g*
Maße: *H 62,90 mm x B 49,05 mm*
Prägeart: *massiv*
Material: *Zink versilbert*
Material Nadel: *Buntmetall*
Material Nadelscharnier: *Buntmetall verlötet*
Material Nadelhaken: *Buntmetall verlötet*
Merkmale: *gewölbt. Nadelhaken auf Plättchen gesetzt. Leichte Aushöhlungen auf der Rückseite des Seitengewehrs*
Sonstiges: *erste Variante des Herstellers*
Ausf. in Bronze bekannt? *ja*
Fertigungszeitraum: *mittlere Kriegsphase*

In dieser Markierung wurde das "Z" besonders betont. Das "S" wurde als Rune geprägt. Es könnte eventuell auf die Gesinnung des damaligen Firmeninhabers hinweisen.

Die Herstellermarkierung wurde erhaben unter dem Nadelscharnier geprägt (oben links). Der Nadelhaken aus Buntmetall wurde auf ein längliches, abgerundetetes Plättchen verlötet (oben rechts). Das Nadelscharnier wurde wie der Nadelhaken in die dafür vorgesehene Fassung gesetzt (unten links). Das Seitengewehr ist rückseitig leicht ausgehöhlt (unten rechts).

Anmerkungen:
Das gezeigte Stück ist ein getragenes Original in Silber. Der Hersteller Zimmermann aus Stuttgart fertigte sehr hochwertige Stücke.

Sammlung S. Weber

Hersteller:	*Fritz Zimmermann / Stuttgart*
Herstellermarkierung:	*"FZS" im Kreis unterhalb des Nadelscharniers erhaben geprägt*
Gewicht:	*21,00 g*
Maße:	*H 63,30 mm x B 49,15 mm*
Prägeart:	*massiv*
Material:	*Zink versilbert*
Material Nadel:	*Eisendraht*
Material Nadelscharnier:	*Buntmetall eingequetscht*
Material Nadelhaken:	*Buntmetall eingequetscht*
Merkmale:	*stark gewölbt. Rückseitig leichte Aushöhlungen*
Sonstiges:	*spätere, vereinfachte Variante des Herstellers.*
Ausf. in Bronze bekannt?	*ja*
Fertigungszeitraum:	*späte Kriegsphase*

Auch bei dieser Variante des Herstellers Zimmermann wurde diese Markierung verwendet.

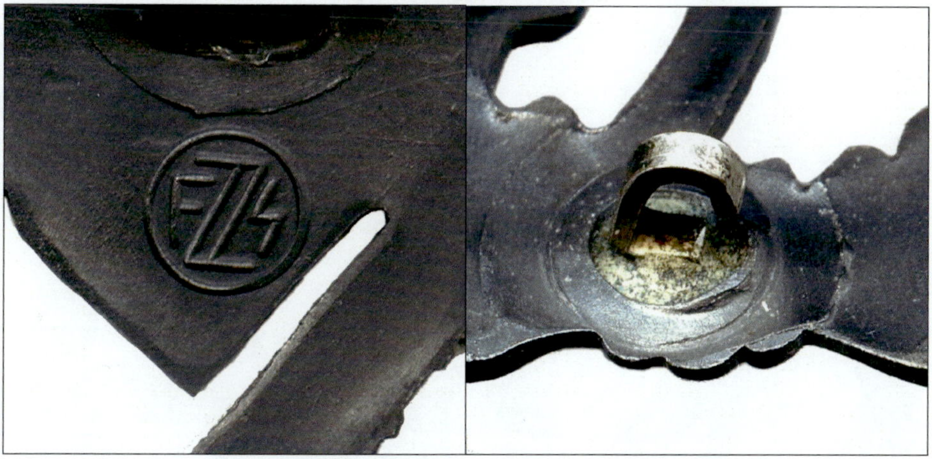

Die Herstellermarkierung wurde erhaben unter dem Nadelscharnier geprägt (oben links). Der Nadelhaken aus Buntmetall wurde auf ein rundes Plättchen verlötet (oben rechts) und, wie das Nadelscharnier, in das Abzeichen eingequetscht (unten links). Der Kopf des Adlers ist sehr gut ausgeprägt. Beachte besonders das Auge des Adlers (unten rechts).

Anmerkungen:
Das gezeigte Stück ist ein getragenes, sehr gut erhaltenes Original in Silber. Wie bei den meisten Zinkstücken weist es aus altersbedingten Gründen keine Versilberung mehr auf. Die Versilberung ist fast komplett migriert und das bläulich schimmernde Zink kam zum Vorschein.

Sammlung S. Weber

Hersteller:	*Gebrüder Wegerhof / Lüdenscheid.*
Herstellermarkierung:	*"GWL" im Kreis seitlich des Nadelscharniers auf der rechten Seite eingeprägt*
Gewicht:	*27,00 g*
Maße:	*H 62,45 mm x B 47,55 mm*
Prägeart:	*massiv*
Material:	*Zink versilbert*
Material Nadel:	*Buntmetall*
Material Nadelscharnier:	*Zink mitgeprägt*
Material Nadelhaken:	*Zink mitgeprägt*
Merkmale:	*flach geprägt*
Sonstiges:	*auch aus Buntmetall geprägt, Gewicht ca. 33g!*
Ausf. in Bronze bekannt?	*ja*
Fertigungszeitraum:	*unbekannt*

Markant ist die Form des "W" und des "L".

Die Herstellermarkierung wurde rechts unterhalb des Nadelscharniers eingeprägt (oben links). Der Kopf des Adlers war sehr ausgeprägt. Beachte besonders das Auge des Adlers (oben rechts). Der Nadelhaken (unten links) und das Nadelscharnier (unten rechts) aus Zink, wurden mitgeprägt.

Anmerkungen:
Das gezeigte Stück ist ein gut erhaltenes, getragenes Zinkstück. Es weist alle typischen Merkmale (Nadelscharnier und Nadelhaken) des Herstellers GWL (vergleichbar mit den Nahkampfspangen des Herstellers) auf. Der Nadelhaken ist zugleich ein Erkennungsmerkmal im Vergleich zur Kopie!

Sammlung S. Weber

Hersteller:	*Hermann Aurich / Dresden.*
Herstellermarkierung:	*"HA" senkrecht untereinander liegend, unterhalb des Nadelscharniers erhaben geprägt*
Gewicht:	*25,00 g*
Maße:	*H 60,95 mm x B 46,35 mm*
Prägeart:	*massiv*
Material:	*Zink versilbert*
Material Nadel:	*Buntmetall*
Material Nadelscharnier:	*Buntmetall eingequetscht*
Material Nadelhaken:	*Buntmetall eingequetscht*
Merkmale:	*leicht gewölbt*
Sonstiges:	-
Ausf. in Bronze bekannt?	*ja*
Fertigungszeitraum:	*unbekannt*

Das "H" wurde quer über das stilisierte "A" gelegt .

Die Herstellermarkierung wurde unterhalb des Nadelscharniers erhaben geprägt (oben links). Beachte das breite, nach oben abgerundete "A" und das querliegende "H". Der Kopf des Adlers war sehr detailliert ausgeprägt (oben rechts). Der Nadelhaken (unten links) und das Nadelscharnier (unten rechts) wurden in das Abzeichen eingequetscht.

Anmerkungen:
Das gezeigte Stück ist ein getragenes Zinkstück. Stücke dieses Herstellers sind nicht allzu oft auf dem Sammlermarkt zu finden.

Sammlung S. Weber

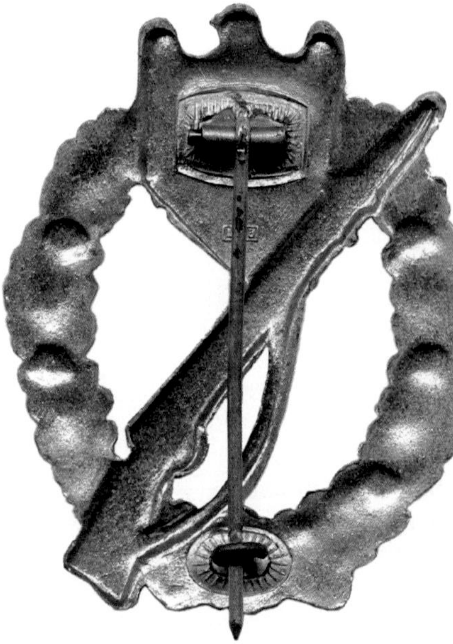

Hersteller:	*Hymmen & Co. / Lüdenscheid.*
Herstellermarkierung:	*"L/53" im Kästchen erhaben unter dem Nadelscharnier geprägt*
Gewicht:	*22,00 g*
Maße:	*H 61,50 mm x B 48,55 mm*
Prägeart:	*halbhohl*
Material:	*Zink versilbert*
Material Nadel:	*Eisendraht*
Material Nadelscharnier:	*Buntmetall eingequetscht*
Material Nadelhaken:	*Buntmetall eingequetscht*
Merkmale:	*überlange Nadel*
Sonstiges:	-
Ausf. in Bronze bekannt?	*unbekannt*
Fertigungszeitraum:	*spätere Kriegsphase*

Die LDO-Nummer wurde in ein Kästchen gesetzt. Die "5" war leicht verformt.

Die Herstellermarkierung wurde unterhalb des Nadelscharniers erhaben geprägt. Das Kästchen mit der LDO-Nummer wurde sehr klein gehalten (oben links). Der Nadelhaken, ein geformter Nagel wurde auf ein Blättchen gesetzt und in das Abzeichen eingequetscht (oben rechts). Das Nadelscharnier wurde ebenfalls in das Abzeichen eingequetscht (unten links). Der Adlerkopf war etwas verformt (unten rechts).

Anmerkungen:

Das gezeigte Stück ist ein fast ungetragenes Zinkstück von schlechterer Qualität. Man findet es am Sammlermarkt selten

Sammlung S. Gehlenbeck

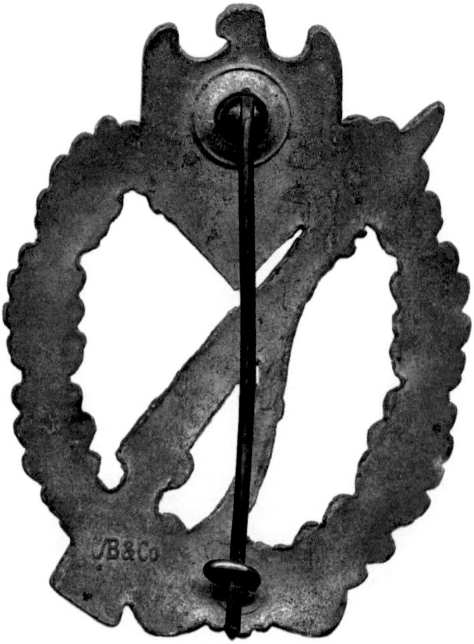

Hersteller:	*Julius Bauer & Co. / Zella Mehlis*
Herstellermarkierung:	*"JB&Co" erhaben links des Nadelhakens geprägt*
Gewicht:	*23,00 g*
Maße:	*H 62,10 mm x B 47,90 mm*
Prägeart:	*massiv*
Material:	*Zink versilbert*
Material Nadel:	*Buntmetall*
Material Nadelscharnier:	*Buntmetall eingequetscht*
Material Nadelhaken:	*Buntmetall eingequetscht*
Merkmale:	*gewölbt*
Sonstiges:	*Kugelscharnier*
Ausf. in Bronze bekannt?	*ja*
Fertigungszeitraum:	*unbekannt*

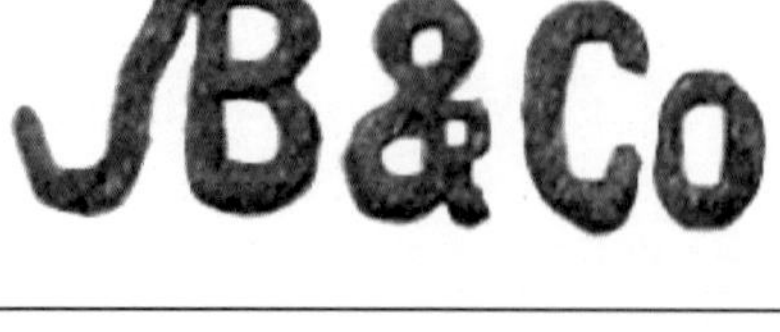

Das "J" war nach rechts gekippt, und lehnt am "B" der Markierung.

Die Herstellermarkierung wurde erhaben geprägt. Das "J" war leicht nach rechts gekippt und lehnte am "B" an (oben lins). Der Nadelhaken (oben rechts) und Nadelscharnier (unten links) wurde beide in das Abzeichen eingequetscht. Die Eichenlaubblätter sind im Hintergrund mit erhabenen Punkten hinterlegt. Ein auffälliges Merkmal der Stücke von Julius Bauer (unten rechts).

Anmerkungen:
Bei dem gezeigten Stück handelt es sich um ein stärker getragenes Original. Markierte Stücke sind selten am Sammlermarkt zu finden.

Sammlung S. Gehlenbeck

Hersteller:	*Julius Bauer & Co. / Zella Mehlis*
Herstellermarkierung:	*unmarkiert*
Gewicht:	*24,00 g*
Maße:	*H 62,20 mm x B 47,15 mm*
Prägeart:	*massiv*
Material:	*Zink versilbert*
Material Nadel:	*Buntmetall*
Material Nadelscharnier:	*Buntmetall eingequetscht*
Material Nadelhaken:	*Buntmetall eingequetscht*
Merkmale:	*leicht gewölbt*
Sonstiges:	*Kugelscharnier*
Ausf. in Bronze bekannt?	*ja*
Fertigungszeitraum:	*unbekannt*

Das Stück ist identisch mit der markierten Variante, Nadelhaken(oben lins) und Kugelscharnier (oben rechts) wurden beide in das Abzeichen eingequetscht. Im Detail das Kugelscharnier (unten links). Das Gewehr war rückseitig leicht ausgehöhlt (unten rechts).

Anmerkungen:

Bei dem gezeigten Stück handelt es sich um ein stark getragenes Original. Die Versilberung ist leider nicht mehr erhalten. Der größte Teil der produzierten Stücke waren unmarkiert und sind somit häufig am Sammlermarkt zu finden.

Sammlung S. Weber

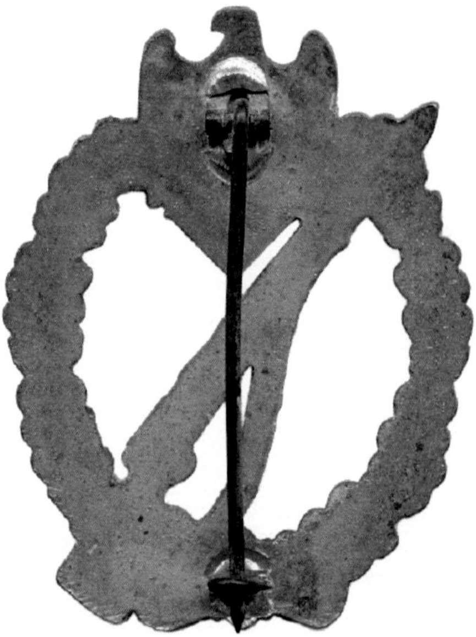

Hersteller:	*unbekannt*
Herstellermarkierung:	*unmarkiert*
Gewicht:	*23,00 g*
Maße:	*H 62,20 mm x B 42,65 mm*
Prägeart:	*massiv*
Material:	*Zink versilbert*
Material Nadel:	*Buntmetall*
Material Nadelscharnier:	*Buntmetall eingequetscht*
Material Nadelhaken:	*Buntmetall eingequetscht*
Merkmale:	*flache, leicht gewölbte Prägung*
Sonstiges:	*Es existiert eine Gußkopie mit Herstellernummer "2" oder "4". Das Nadelscharnier wurde bei dieser Kopie eingegossen.*
Ausf. in Bronze bekannt?	*ja*
Fertigungszeitraum:	*vermutlich späte Kriegsphase*

Der Nadelhaken (oben links) und das Nadelscharnier (oben rechts) wurden beide eingequetscht. Der Adler wurde sehr einfach gehalten. Beachte die fast dreieckige Anordnung des Bauchgefieders des Adlers. Markant ist auch der flache spitze Kopf des Adlers (unten rechts). Auffällig ist auch die breitere Eichenlaubspitze über dem Seitengewehr (unten links).

Anmerkungen:
Bei dem gezeigten Stück handelt es sich um ein ungetragenes Original aus dem Jahr 1944/45. Die Prägung ist von minderer Qualität. Kopiehinweis beachten!

Privatsammlung

Hersteller:	*Franke & Co. / Lüdenscheid*
Herstellermarkierung:	*"FCL" im Kreis erhaben, rückseitig des Seitengewehrs geprägt*
Gewicht:	*26,00 g*
Maße:	*H 64,05 mm x B 48,35 mm*
Prägeart:	*massiv*
Material:	*Zink versilbert*
Material Nadel:	*Buntmetall*
Material Nadelscharnier:	*Buntmetall eingequetscht*
Material Nadelhaken:	*Buntmetall eingequetscht*
Merkmale:	*stärker gewölbt. Markante eckige Übergänge vom Adlerkopf zu den Schwingen*
Sonstiges:	-
Ausf. in Bronze bekannt?	*unbekannt*
Fertigungszeitraum:	*unbekannt*

Die Initialien des Herstellers wurden in einem Kreis übereinander gelegt. Häufig wurde diese Markierung in der Sammlerwelt auch mit den Buchstaben "LCE" gelesen, dies war aber nicht korrekt.

Der Nadelhaken (oben links) und das Nadelscharnier (oben rechts) wurden beide eingequetscht. Die Herstellermarkierung wurde erhaben auf der Rückseite des Seitengewehrs geprägt (unten links). Die Übergänge vom Adlerkopf zu den Schwingen sind eckig gestaltet und das wichtigste Erkennungsmerkmal dieses Stückes (unten rechts).

Anmerkungen:
Bei dem gezeigten Stück handelt es sich um ein getragenes Original mit sehr hoher Fertigungsqualität.

Hersteller:	*Franke & Co. / Lüdenscheid*
Herstellermarkierung:	*unmarkiert*
Gewicht:	*27,00 g*
Maße:	*H 63,30 mm x B 48,00 mm*
Prägeart:	*massiv*
Material:	*Zink versilbert*
Material Nadel:	*Buntmetall*
Material Nadelscharnier:	*Buntmetall verlötet*
Material Nadelhaken:	*Buntmetall verlötet*
Merkmale:	*stärker gewölbt. Markante eckige Übergänge vom Adlerkopf zu den Schwingen*
Sonstiges:	-
Ausf. in Bronze bekannt?	*unbekannt*
Fertigungszeitraum:	*unbekannt*

Der Nadelhaken (oben links) und das Nadelscharnier (oben rechts) wurden beide sehr gut und sauber verlötet. Die Übergänge vom Adlerkopf zu den Schwingen (unten) sind eckig gestaltet und das wichtigste Erkennungsmerkmal dieses Stückes. Die Eichenlaubblätter wurden sehr gut ausgeprägt (unten links). Insgesamt wirkt dieses Stück sehr hochwertig.

Anmerkungen:
Bei dem gezeigten Stück handelt es sich um ein getragenes Original mit sehr hoher Fertigungsqualität.

Sammlung S. Weber

Hersteller: *Werner Redo / Saarlautern*
Herstellermarkierung: *"W.R.42." erhaben unter dem Nadelscharnier geprägt*
Gewicht: *27,00 g*
Maße: *H 62,30 mm x B 47,05 mm*
Prägeart: *massiv*
Material: *Zink versilbert*
Material Nadel: *Buntmetall*
Material Nadelscharnier: *Buntmetall verlötet*
Material Nadelhaken: *Buntmetall verlötet*
Merkmale: *gewölbt*
Sonstiges: *"42" könnte für das Jahr der Erstfertigung stehen*
Ausf. in Bronze bekannt? *unbekannt*
Fertigungszeitraum: *ab 1942?*

Die "42" stand vermutlich für das Jahr der Erstfertigung..

Die Herstellermarkierung wurde direkt unter dem Nadelscharnier erhaben geprägt (oben links). Der Nadelhaken aus Buntmetall wurde direkt mit dem Abzeichen verlötet (oben rechts). Das Nadelscharnier wurde in einem Kästchen verlötet (unten links). Der Adlerkopf wurde sehr markant und gut ausgeprägt (unten rechts).

Anmerkungen:
Das gezeigte Stück ist ein gut erhaltenes Original. Stücke dieses Herstellers sind extrem selten am Sammlermarkt zu finden.

Sammlung S. Gehlenbeck

Hersteller:	*Karl Wurster / Markneukirchen*
Herstellermarkierung:	*"KWM" im Kreis erhaben links vom Nadelscharnier geprägt*
Gewicht:	*31,00 g*
Maße:	*H 61,80 mm x B 46,75 mm*
Prägeart:	*massiv*
Material:	*Zink versilbert*
Material Nadel:	*Eisen*
Material Nadelscharnier:	*Eisen verlötet*
Material Nadelhaken:	*Buntmetall verlötet*
Merkmale:	*gewölbt*
Sonstiges:	-
Ausf. in Bronze bekannt?	*ja*
Fertigungszeitraum:	*unbekannt*

Diese Markierung wurde wohl bei früheren Stücken des Herstellers verwendet.

Die sehr kleine Herstellermarkierung wurde links des Nadelscharniers erhaben geprägt (oben links). Der Nadelhaken aus Buntmetall wurde direkt mit dem Abzeichen verlötet (oben rechts). Das breite Nadelscharnier wurde mit dem Abzeichen direkt verlötet (unten links). Der Adlerkopf wurde sehr undeutlich geprägt (unten rechts).

Anmerkungen:
Das gezeigte Stück ist ein sehr schlecht erhaltenes Original. Es ist am Sammlermarkt sehr selten zu finden.

Sammlung H. Schlötterer

Hersteller:	*Karl Wurster / Markneukirchen*
Herstellermarkierung:	*"W" erhaben links vom Nadelscharnier geprägt*
Gewicht:	*38,00 g*
Maße:	*H 61,50 mm x B 46,10 mm*
Prägeart:	*massiv*
Material:	*Zink bronziert*
Material Nadel:	*Buntmetall*
Material Nadelscharnier:	*Buntmetall verlötet*
Material Nadelhaken:	*Buntmetall verlötet*
Merkmale:	*gewölbt*
Sonstiges:	*sehr schweres Stück*
Ausf. in Silber bekannt?	*ja*
Fertigungszeitraum:	*unbekannt*

Mit einem "W" wurden wohl spätere Stücke bzw. Stücke von einer weiteren Prägestanze erhaben markiert.

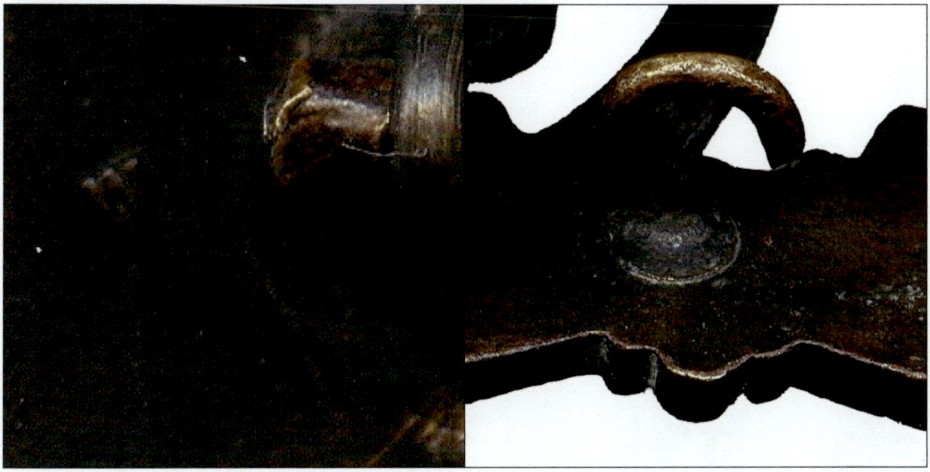

Die sehr kleine Herstellermarkierung wurde links des Nadelscharniers erhaben geprägt (oben links). Der Nadelhaken aus Buntmetall wurde direkt mit dem Abzeichen verlötet (oben rechts). Das feine Nadelscharnier wurde mit dem Abzeichen direkt verlötet (unten links). Der Adlerkopf verdeutlicht eine schlechte Prägequalität (unten rechts).

Anmerkungen:
Das gezeigte Stück ist ein gut erhaltenes Original. Diese schweren Stücke sind sehr selten am Sammlermarkt zu finden.

Hersteller:	*unbekannt*
Herstellermarkierung:	*unmarkiert*
Gewicht:	*15,00 g*
Maße:	*H 60,50 mm x B 48,50 mm*
Prägeart:	*hohl*
Material:	*Buntmetall versilbert*
Material Nadel:	*Buntmetall*
Material Nadelscharnier:	*Buntmetall verlötet*
Material Nadelhaken:	*Buntmetall verlötet*
Merkmale:	*gewölbt. Sehr grobe Versilberung*
Sonstiges:	*zwischen Gewehrverschluss und Eichenlaub muss ein Durchbruch sein!*
Ausf. in Bronze bekannt?	*ja*
Fertigungszeitraum:	*frühe bis mittlere Kriegsphase*

Der Nadelhaken (oben links) und das Nadelscharnier (oben rechts) wurden beide einfach gehalten und auf einem rechteckigem bzw. rundem Plättchen verlötet, das wiederum mit dem Abzeichen verlötet wurde. Im Detail (unten links) sieht man, dass am Kopf des Adlers und den Übergängen zu den Flügeln die hohle Ausprägung sehr breit war. Der Spalt zwischen dem Hakenkreuz und dem Gewehr war nicht durchbrochen (unten rechts).

Anmerkungen:
Bei dem gezeigten Stück handelt es sich um ein getragenes, gut erhaltenes Original. Bei dem Stück fällt die grobe Versilberung auf.

Sammlung S. Weber

Hersteller:	*unbekannt*
Herstellermarkierung:	*"H" erhaben rechts vom Nadelhaken geprägt*
Gewicht:	*17,00 g*
Maße:	*H 61,50 mm x B 46,10 mm*
Prägeart:	*hohl*
Material:	*Zink versilbert*
Material Nadel:	*Buntmetall*
Material Nadelscharnier:	*Buntmetall verlötet*
Material Nadelhaken:	*Buntmetall verlötet*
Merkmale:	*flach*
Sonstiges:	-
Ausf. in Bronze bekannt?	*unbekannt*
Fertigungszeitraum:	*unbekannt*

Das "H" wurde sehr unförmig geprägt. Ein Schenkel ist verkürzt.

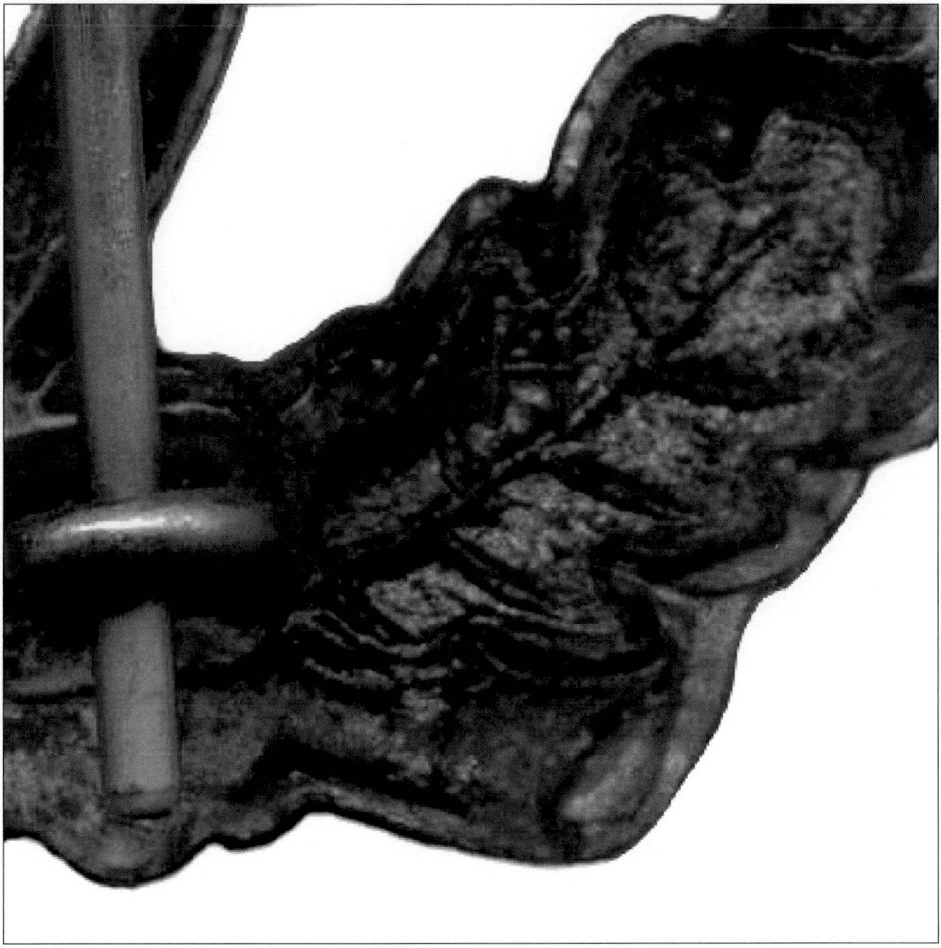

Die sehr sehr kleine Herstellermarkierung wurde links des Nadelhakens erhaben geprägt. Viele Sammler übersehen diese. Eventuell dürfte dieses Stück öfters am Sammlermarkt auftauchen als angenommen. Das Nadelsystem ist identisch mit Stücken des Herstellers Sohni, Heubach und Co aus Oberstein (S.H.u.Co.)

Anmerkungen:
Das gezeigte Stück ist ein leicht getragenes Original. Bis heute ist unklar welcher Hersteller hinter dieser Markierung stand.

Hersteller:	*unbekannt*
Herstellermarkierung:	*unmarkiert*
Gewicht:	*32,00 g*
Maße:	*H 61,45 mm x B 46,35 mm*
Prägeart:	*massiv*
Material:	*Zink bronziert*
Material Nadel:	*Buntmetall*
Material Nadelscharnier:	*Buntmetall verlötet*
Material Nadelhaken:	*Buntmetall verlötet*
Merkmale:	*langes, schmales Nadelhakenplättchen*
Sonstiges:	*sehr dickes Stück*
Ausf. in Silber bekannt?	*ja*
Fertigungszeitraum:	*unbekannt*

Das breite Nadelscharnier (oben links) und Nadelhaken wurden wurden beide sauber verlötet. Die Eichenlaubblätter wurden sehr detailliert gestaltet und ausgeprägt (unten links). Der markant gestaltete Adler besticht durch eine sichtbar große Braue (unten rechts).

Anmerkungen:
Bei dem gezeigten Stück handelt es sich um ein getragenes Original. Aufrgund des Nadelsystems könnte der Hersteller C.E. Juncker gewesen sein. Andere Hinweise gehen in Richtung Steinhauer & Lück.

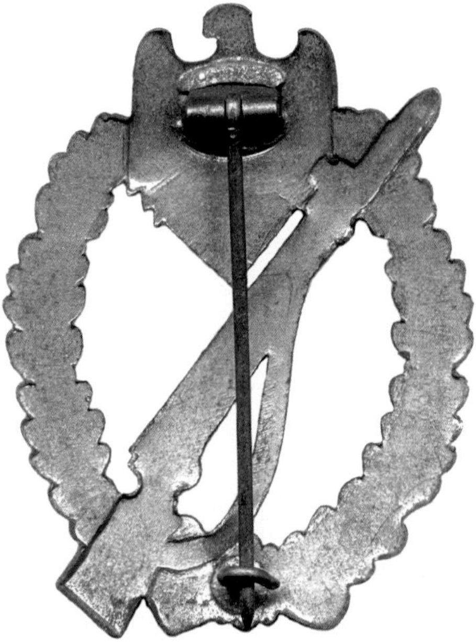

Hersteller:	*unbekannt*
Herstellermarkierung:	*unmarkiert*
Gewicht:	*16,00 g*
Maße:	*H 61,50 mm x B 46,85 mm*
Prägeart:	*halbhohl*
Material:	*Zink versilbert*
Material Nadel:	*Eisen*
Material Nadelscharnier:	*Buntmetall eingequetscht*
Material Nadelhaken:	*Buntmetall eingequetscht*
Merkmale:	*gewölbt*
Sonstiges:	*identischer Hersteller wie vorangegangenes Stück*
Ausf. in Bronze bekannt?	*ja*
Fertigungszeitraum:	*wohl spätere Fertigung*

Das Nadelscharnier (oben links) und der Nadelhaken, beide aus Buntmetall, wurden in Vertiefungen eingequetscht (oben recht). Das Stück wurde rückseitig halbhohl geprägt. Deutlich wird dies auf der Gewehrrückseite (unten links und rechts).

Anmerkungen:
Bei dem gezeigten Stück handelt es sich um ein leicht getragenes Original. Da das vorangegangene Stück im Design mit dem hier gezeigten Stück identisch ist, kann auf den gleichen Hersteller geschlossen werden (C.E. Juncker oder Steinhauer & Lück)

Hersteller:	*unbekannt*
Herstellermarkierung:	*unmarkiert*
Gewicht:	*26,00 g*
Maße:	*H 61,55 mm x B 46,85 mm*
Prägeart:	*massiv*
Material:	*Zink bronziert*
Material Nadel:	*Buntmetall*
Material Nadelscharnier:	*Buntmetall verlötet*
Material Nadelhaken:	*Buntmetall verlötet*
Merkmale:	*leicht gewölbt*
Sonstiges:	*Nadelsystem identisch mit S.H.u.Co.*
Ausf. in Silber bekannt?	*unbekannt*
Fertigungszeitraum:	*unbekannt*

Das Nadelscharnier (oben links) und der Nadelhaken, beide aus Buntmetall, waren identisch mit dem Nadelsystem das auch von Sohni, Heubach und Co. verwendet wurde. Das Stück wurde sehr detalliert geprägt, am deutlichsten erkennt man es am ausdrucksstarken Hoheitsadler (unten links und rechts).

Anmerkungen:
Bei dem gezeigten Stück handelt es sich um ein leicht getragenes Original und um eine sehr hochwertige Prägung.

Sammlung. D. Schneider

Hersteller:	*unbekannt*
Herstellermarkierung:	*unmarkiert*
Gewicht:	*18,40 g*
Maße:	*H 62,00 mm x B 47,00 mm*
Prägeart:	*hohl*
Material:	*Zinkblech versilbert*
Material Nadel:	*Buntmetall*
Material Nadelscharnier:	*Buntmetall verlötet*
Material Nadelhaken:	*Buntmetall verlötet*
Merkmale:	*flach gestanzt*
Sonstiges:	-
Ausf. in Bronze bekannt?	*unbekannt*
Fertigungszeitraum:	*unbekannt*

Das Stück aus Zinkblech wurde nach dem Prägen weißversilbert. Das Nadelsystem bestand aus Neusilber. Nadelhaken und Scharnier wurden direkt mit dem Abzeichen verlötet.

Anmerkungen:
Das gezeigte Stück ist ein ungetragenes Original. Das Design konnte bis jetzt keinem Hersteller zugeordnet werden. Jedoch weist das Nadelsystem auf den Hersteller Berg & Nolte aus Lüdenscheid hin. Eindeutig bewiesen ist es jedoch nicht.

Sammlung F. Heukemes

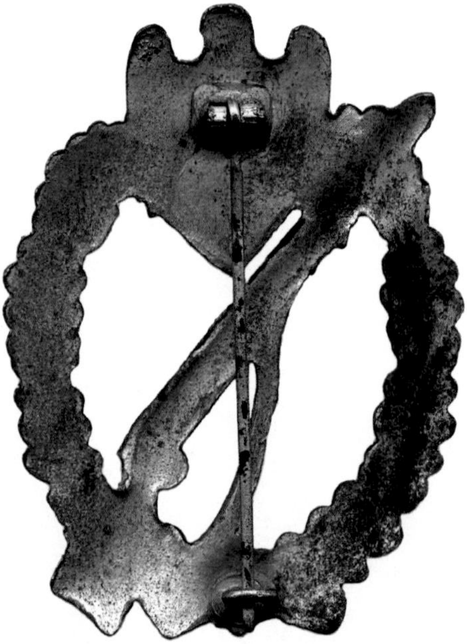

Hersteller:	*unbekannt*
Herstellermarkierung:	*unmarkiert*
Gewicht:	*20,00 g*
Maße:	*H 62,80 mm x B 45,90 mm*
Prägeart:	*massiv*
Material:	*Zink versilbert*
Material Nadel:	*Eisen*
Material Nadelscharnier:	*Eisen verlötet*
Material Nadelhaken:	*Eisen verlötet*
Merkmale:	*gewölbt*
Sonstiges:	*sehr grobe Prägung*
Ausf. in Bronze bekannt?	*unbekannt*
Fertigungszeitraum:	*unbekannt*

Das Nadelscharnier (oben links) und der Nadelhaken (oben rechts), beide aus Eisen wurden in das Abzeichen eingequetscht. Die Quetschung des Nadelscharniers war nicht sonderlich gut (unten links). Die Prägung war sehr undetailliert. Deutlich wurde dieses am Hoheitsadler, der sehr verschwommen wirkte (unten rechts).

Anmerkungen:
Ein leicht getragenes Original mit sehr schwacher Prägung.

Generaloberst Walther von Brauchitsch bei einer Lagebesprechung. Frankreich 1940 (oben). MG-Schützen bei Einlegen eines Patronengurts. Frankreich 1940 (unten).

Verleihungsbehältnis

Auch Infanterie-Sturmabzeichen wurden von sehr vielen Herstellern in so genannten Verleihungstüten verpackt und ausgeliefert. Es gab unterschiedliche Varianten, in Farbe, Größe, Aufdruck und Material.
Häufig kamen je nach Hersteller rotbraune oder blaue Verleihungstüten mit einem Aufdruck in gotischer Schrift und rückseitiger Herstellerangabe des Herstellers des Infanterie-Sturmabzeichen vor.
Einzeln und sehr selten wurden Infanterie-Sturmabzeichen auch in schmucklosen kleineren grauen bzw. bräunlichen oder marmorierte Pappschachteln, ohne Aufdruck, verpackt. Das inliegende Abzeichen wurde selbst in einem leichten dünnen Papier eingewickelt. Cellophantüten für den LDO-Verkauf kamen selten vor.

Eine sehr gut erhaltene Verleihungstüte für ein Infanterie-Sturmabzeichen in Bronze des Herstellers Josef Feix und Söhne (JFS) aus Gablonz. Diese Art von Verleihungstüten kam relativ häufig vor, ist aber heute auf dem Sammlermarkt eher selten zu finden.

Eine gut erhaltene Verleihungstüte für eine Infanterie-Sturmabzeichen des Herstellers E. Ferdinand Wiedmann (L/51) aus Frankfurt am Main.

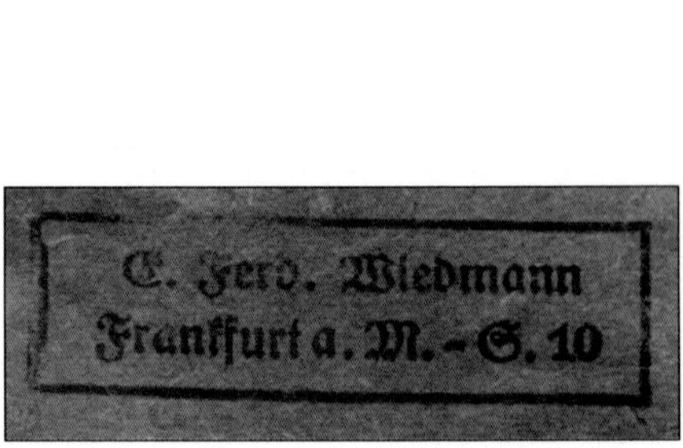

Ernst E. Müller aus Pforzheim verwendete Tüten mit dem seperaten Aufdruck "Silber" auf der Vorderseite.

Auch Gottlieb & Wagner aus Oberstein verwendete Tüten aus blauem Papier. Jedoch nur mit dem vorderseitigen Aufdruck "Infanterie-Sturmabzeichen".

Viele Infanterie-Sturmabzeichen, die von Trägern privat in Ordensgeschäften bzw. Geschäften der LDO (Leistungsgemeinschaft Deutscher Ordenshersteller) erworben wurden, wurden oft in kleinen marmorierten Kartonkästchen verpackt.

Ein unbekannter Hersteller verpackte die gefertigten Stücke für den LDO-Verkauf in transparente Cellophantüten mit vorderseitigen LDO-Aufdruck. Rückseitig wurden die Hinweise zur Rückgabe fehlerhafter Stücke aufgedruckt (siehe auch Seite 183). Diese Tüten sind auf dem Sammlermarkt sehr selten zu finden.

Eine wohl frühe Verleihungstüte des Herstellers Rudolf Souval aus Wien. Diese wurde noch vorderseitig durch die Druckerei bedruckt (unten). Die Angabe des Ordensherstellers wurde auch hier rückseitig in einem Kästchen gedruckt (links).

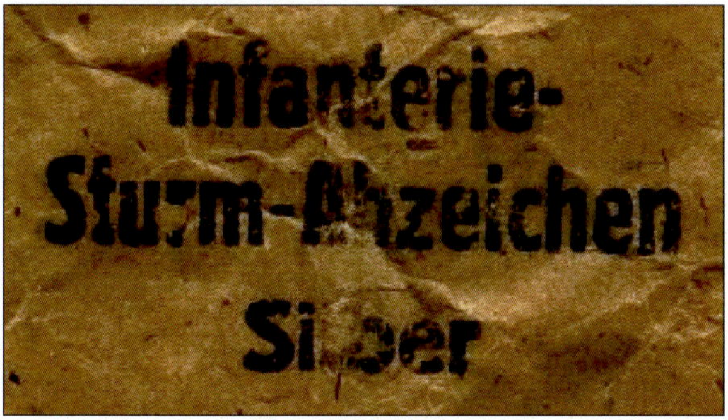

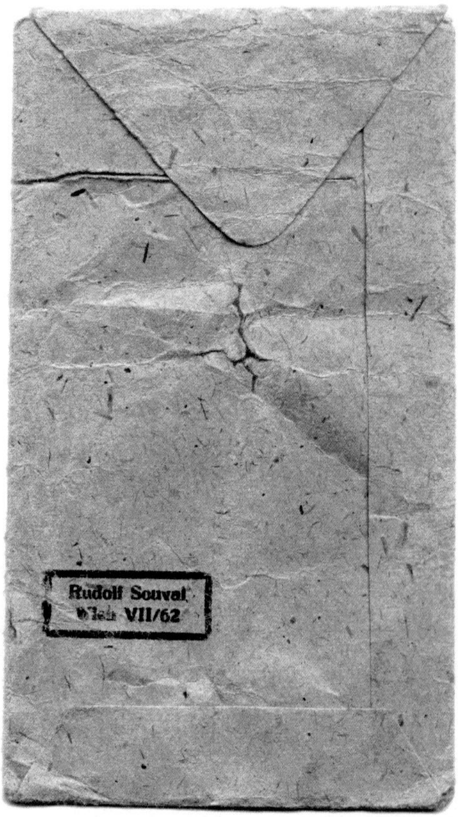

Eine Verleihungstüte des Herstellers Rudolf Souval aus Wien. Diese Tüten wurden für die verschiedensten Auszeichnungen dieses Herstellers verwendet. Es wurde lediglich vorderseitig die Bezeichnung der inliegenden Auszeichnung mit roter Tinte aufgestempelt (unten).

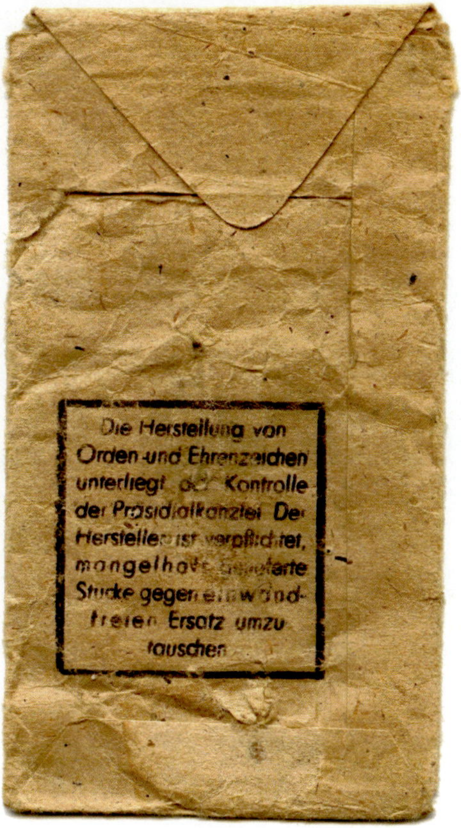

Eine Verleihungstüte für den LDO-Verkauf. Interessant der rückseitige Hinweis zum Umtausch fehlerhafter Stücke (links).

Anhand der identischen roten Stemplung auf der Vorderseite, kann angenommen werden das diese Tüten von Rudolf Souval aus Wien verwendet wurden (unten)

Der Tross eines Infanterie-Regiments wurde überwiegend durch Pferdegespänne befördert. Von Anfang an bestand in der Wehrmacht ein Motorisierungsproblem. Vormarsch in Russland 1941 (oben). Das Schicksal vieler Soldaten während des Krieges. Auf beiden Seiten der Front sahen Millionen ihre Heimat nicht wieder. Deutsches Soldatengrab in Russland 1941(unten).

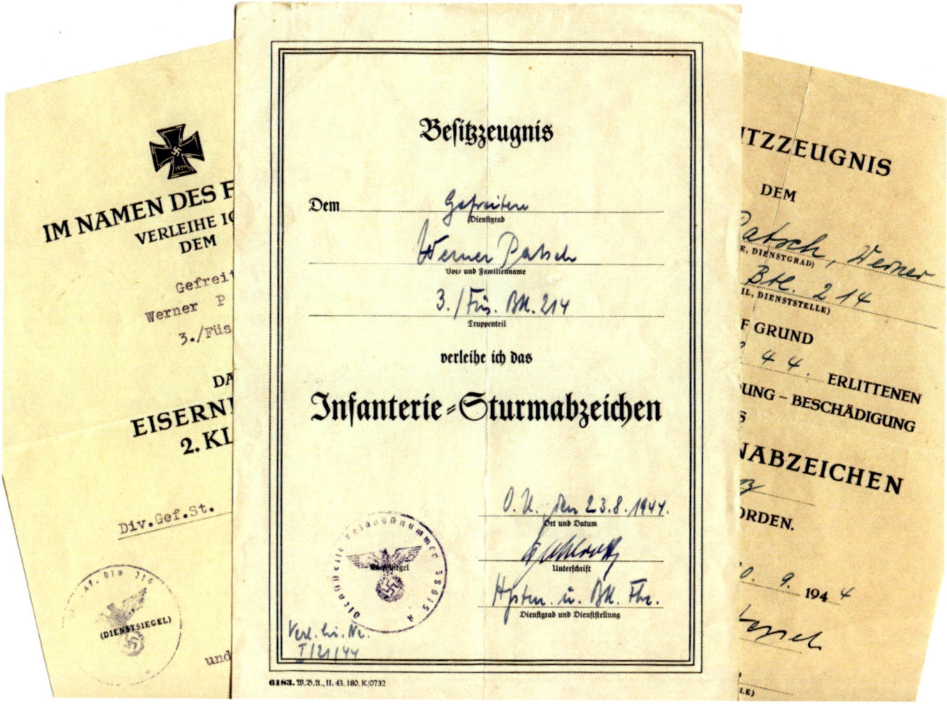

Zu jeder Auszeichnung wurde dem Beliehenen zusammen mit dem Abzeichen auch ein Besitzzeugnis ausgehändigt mit dem Rang, dem Namen und der Einheit des Beliehenen.
In der Regel erstellte der Stab des Regimentskommandeurs, oder seltener dessen Stellvertreter die Besitzzeugnisse. Beglaubigt wurden diese gewöhnlich direkt vom Regimentskommandeur mit seinem Namen, Rang, dem Truppenstempel und dem Verleihungsdatum.
Überwiegend wurden Besitzzeugnis-Vordrucke im Format DIN A5 auf stärkerem Papier (Vordrucke im Format DIN A4 kamen seltener vor) in unterschiedlichsten Varianten gefertigt. Einfache Vordrucke mit lateinischer oder gotischer Schrift, Schmuckvordrucke, mit Hoheitsadler im Hintergrund, oder das Infanterie-Sturmabzeichen selbst zu sehen war. Gingen an der Front die Vordrucke aus bzw. der Nachschub ließ auf sich warten, so verwendete man so genannte Frontfertigungen. Diese wurden meist auf leichtem Papier, mit einer Wachsmatrize gefertigt oder einfach per Schreibmaschine erstellt. In der Frühphase, nach der Stiftung des Abzeichens, liessen viele Infanterie-Regimenter auch Vordrucke mit deren Bezeichnung fertigen, sogenannte Regimentsvordrucke. Diese waren sehr selten und wurden meist im Format DIN A4 gefertigt. Auf den nächsten Seiten wird eine Auswahl an Besitzzeugnissen dargestellt, die einen kleinen Teil gegenüber der riesigen Vielfalt der Besitzzeugnissen darstellt.

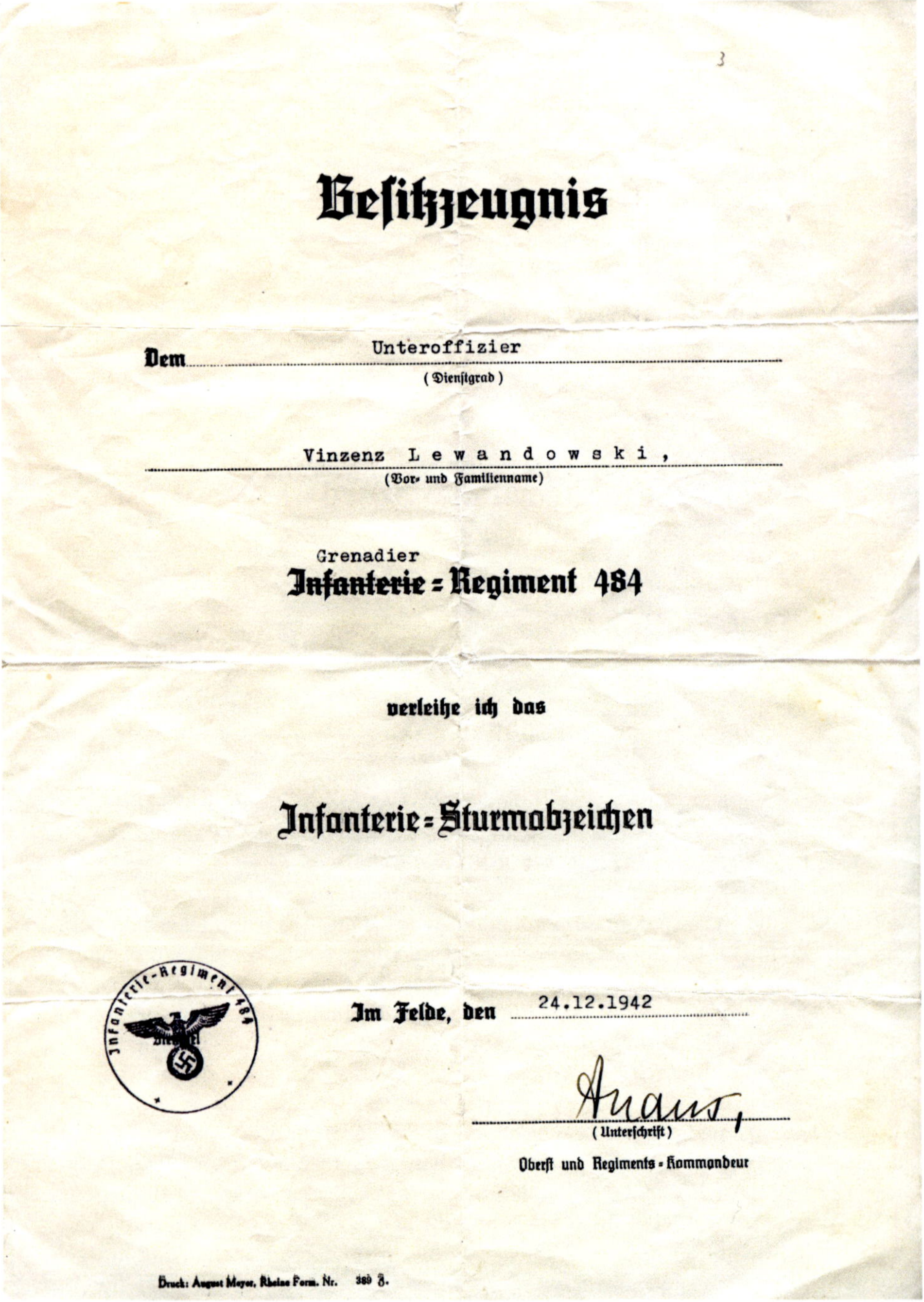

3

Besitzzeugnis

Dem Unteroffizier
(Dienstgrad)

Vinzenz L e w a n d o w s k i ,
(Vor- und Familienname)

Grenadier
~~Infanterie~~ = Regiment 484

verleihe ich das

Infanterie = Sturmabzeichen

Im Felde, den 24.12.1942

Anaus,
(Unterschrift)

Oberst und Regiments = Kommandeur

Druck: August Meyer, Rheine Form. Nr. 389 J.

Anmerkungen: *DIN A 4, Regimentsvordruck, leichte Übergröße mit gotischer Schrift.*

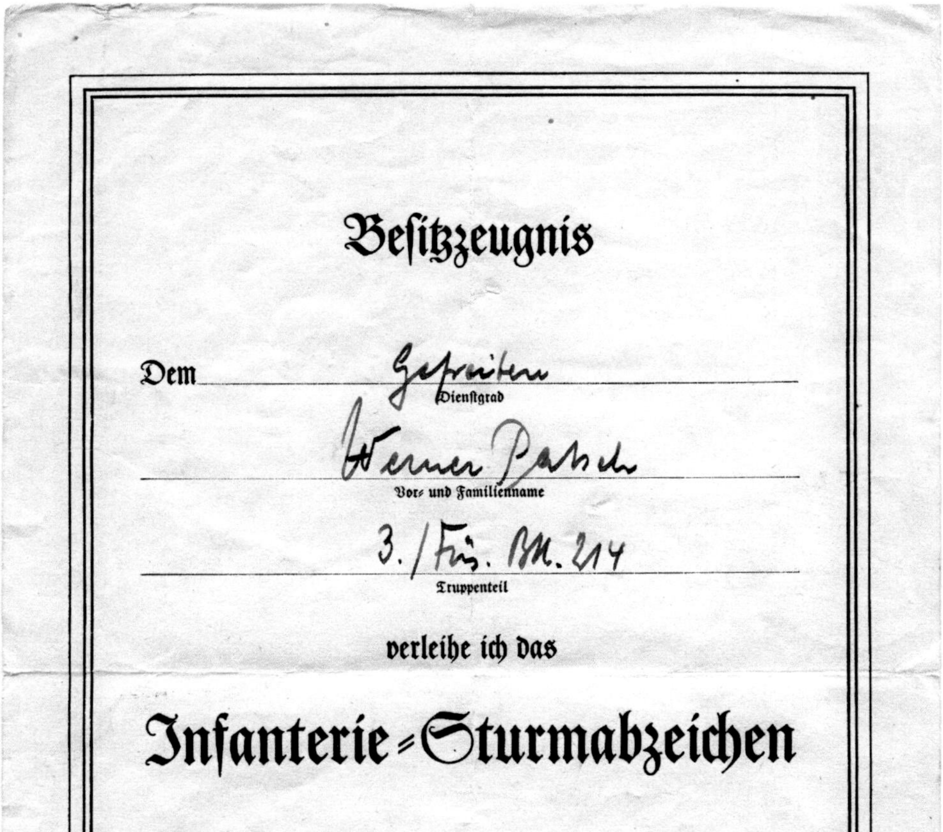

Besitzzeugnis

Dem Gefreiten
Dienstgrad

Werner Patsch
Vor- und Familienname

3./Füs. Btl. 214
Truppenteil

verleihe ich das

Infanterie-Sturmabzeichen

O.U., den 23.8.1944.
Ort und Datum

Dienststelle Feldpostnummer 35615 A
Dienstsiegel

Unterschrift

Hptm. u. Btl. Fhr.
Dienstgrad und Dienststellung

Verl. Li. Nr.
T/21/44

6183. W.B.A., II. 43. 180. K/0732

Anmerkungen: *DIN A 5, gotische Schrift mit Schmuckrahmen*

B e s i t z z e u g n i s

Dem ......Gefreiten......

......Friedrich H ü g e l......

......3./J.R.258......

verleihe ich das

J n f a n t e r i e - S t u r m a b z e i c h e n

- Silber -

Rgt.Gef.Std.,den 4.1o.1941

Dienststelle Feldpost Nr. 12593

....

Oberstleutnant u. Rgt.-Führer

Anmerkungen: *DIN A 5, Frontfertigung auf Wachsmatrize*

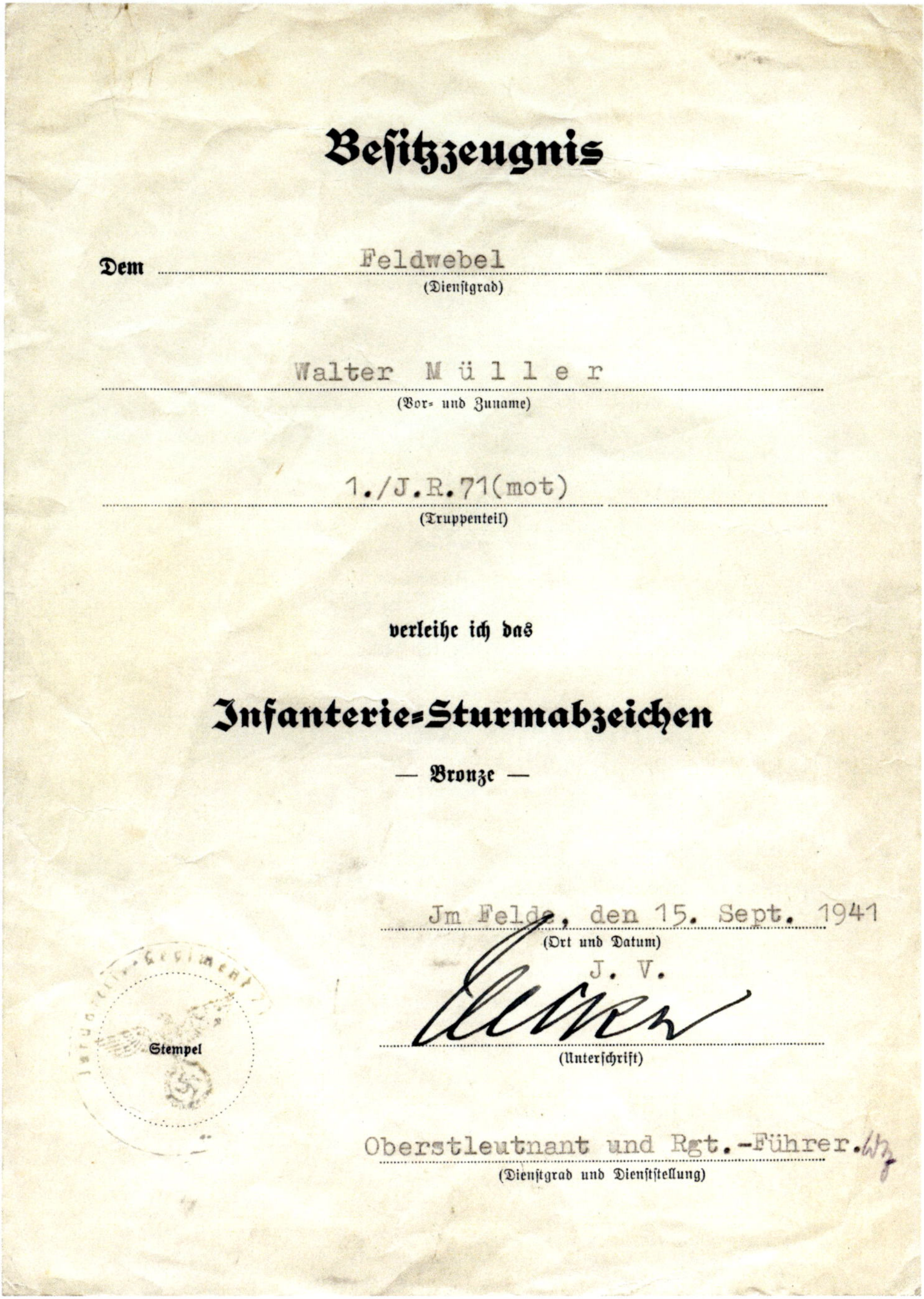

Besitzzeugnis

Dem Feldwebel
(Dienstgrad)

Walter M ü l l e r
(Vor- und Zuname)

1./J.R.71(mot)
(Truppenteil)

verleihe ich das

Infanterie-Sturmabzeichen

— Bronze —

Jm Felde, den 15. Sept. 1941
(Ort und Datum)

J. V.

(Unterschrift)

Stempel

Oberstleutnant und Rgt.-Führer.
(Dienstgrad und Dienststellung)

Anmerkungen: *DIN A 5, schmuckloser allgemeiner Vordruck*

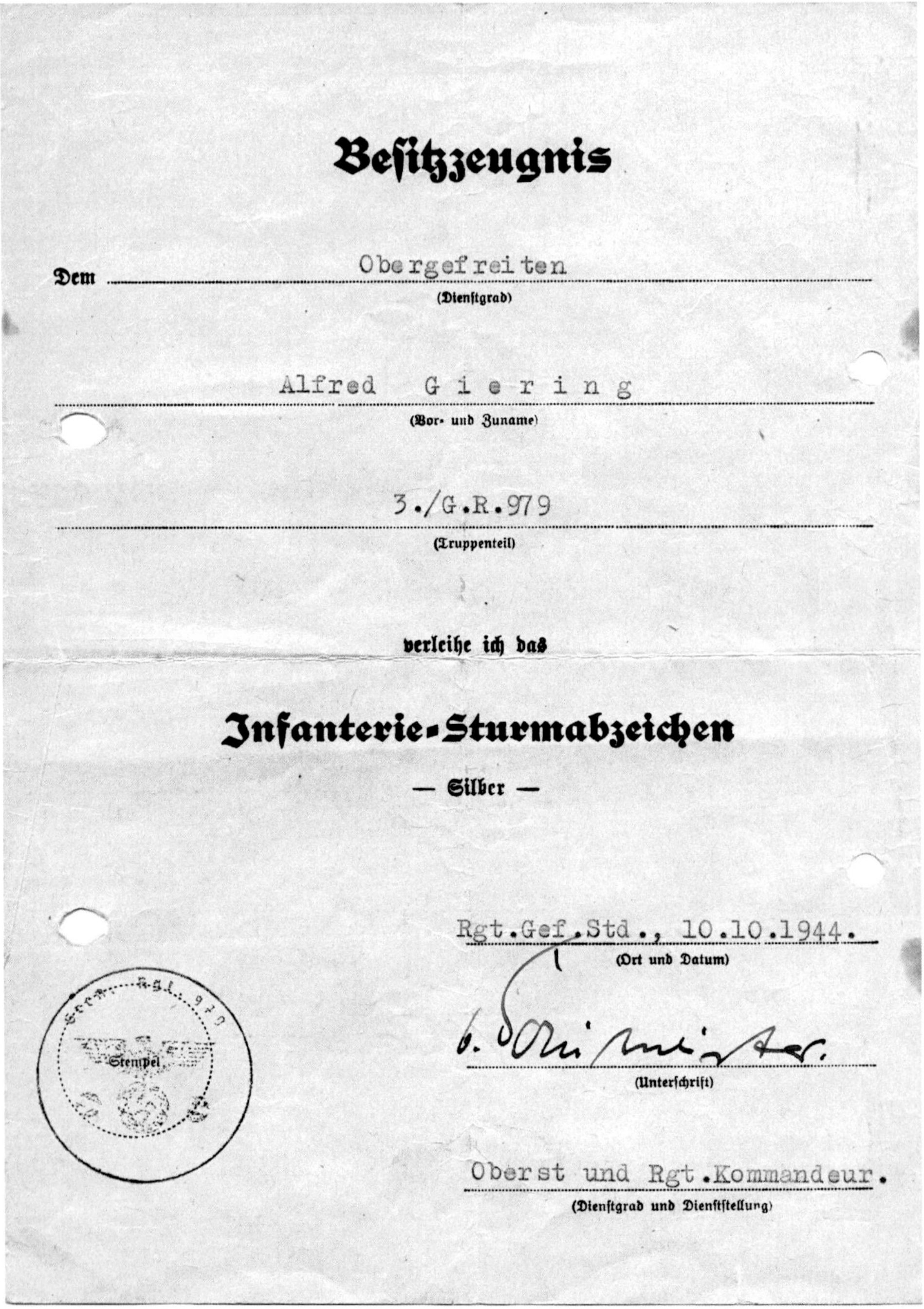

Besitzzeugnis

Dem Obergefreiten

(Dienstgrad)

Alfred G i e r i n g

(Vor- und Zuname)

3./G.R.979

(Truppenteil)

verleihe ich das

Infanterie-Sturmabzeichen

— Silber —

Rgt.Gef.Std., 10.10.1944.

(Ort und Datum)

Stempel

[illegible]

(Unterschrift)

Oberst und Rgt.Kommandeur.

(Dienstgrad und Dienststellung)

Anmerkungen: *DIN A 5, schmuckloser allgemeiner Vordruck*

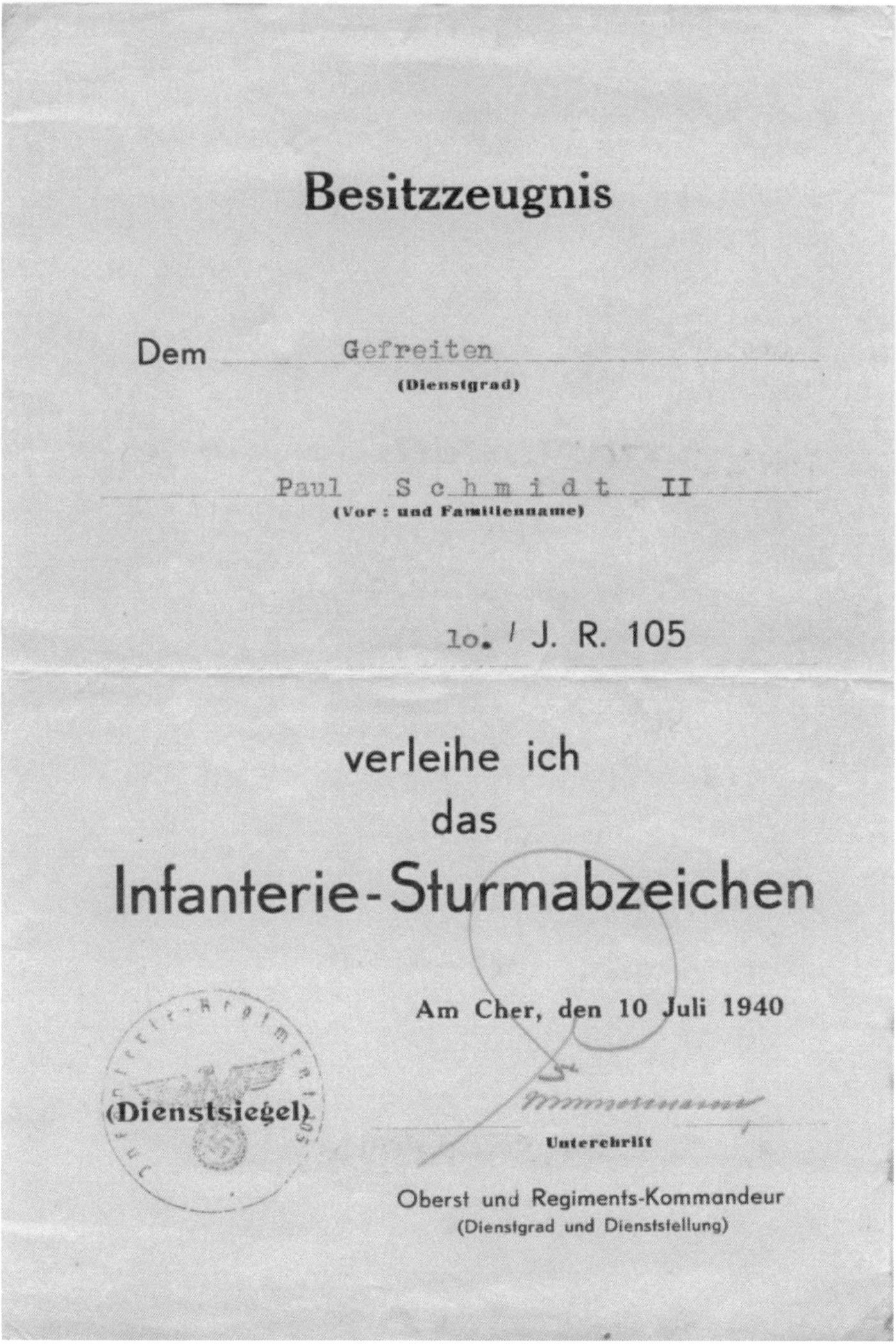

Besitzzeugnis

Dem Gefreiten
(Dienstgrad)

Paul Schmidt II
(Vor- und Familienname)

lo. / J. R. 105

verleihe ich
das

Infanterie-Sturmabzeichen

Am Cher, den 10 Juli 1940

(Dienstsiegel)

Unterschrift

Oberst und Regiments-Kommandeur
(Dienstgrad und Dienststellung)

Anmerkungen: *schmuckloser Vordruck, lateinische Schrift*

Auf Grund seiner Teilnahme an

drei Sturmangriffen

in vorderster Linie verleihe ich dem

Oberleutnant Friedrich Gehrcke ,

3. / Jnfanterie-Regiment 74

das

Infanterie=

Sturmabzeichen

Infanterie-Regiment 74

Im Felde, am 29.10.1940.

Schmidt

Oberst und Regiments-Kommandeur

E. Gundlach Aktiengesellschaft, Bielefeld

Anmerkungen: *DIN A 4, Schmuckvordruck mit Abbildung des Abzeichens*

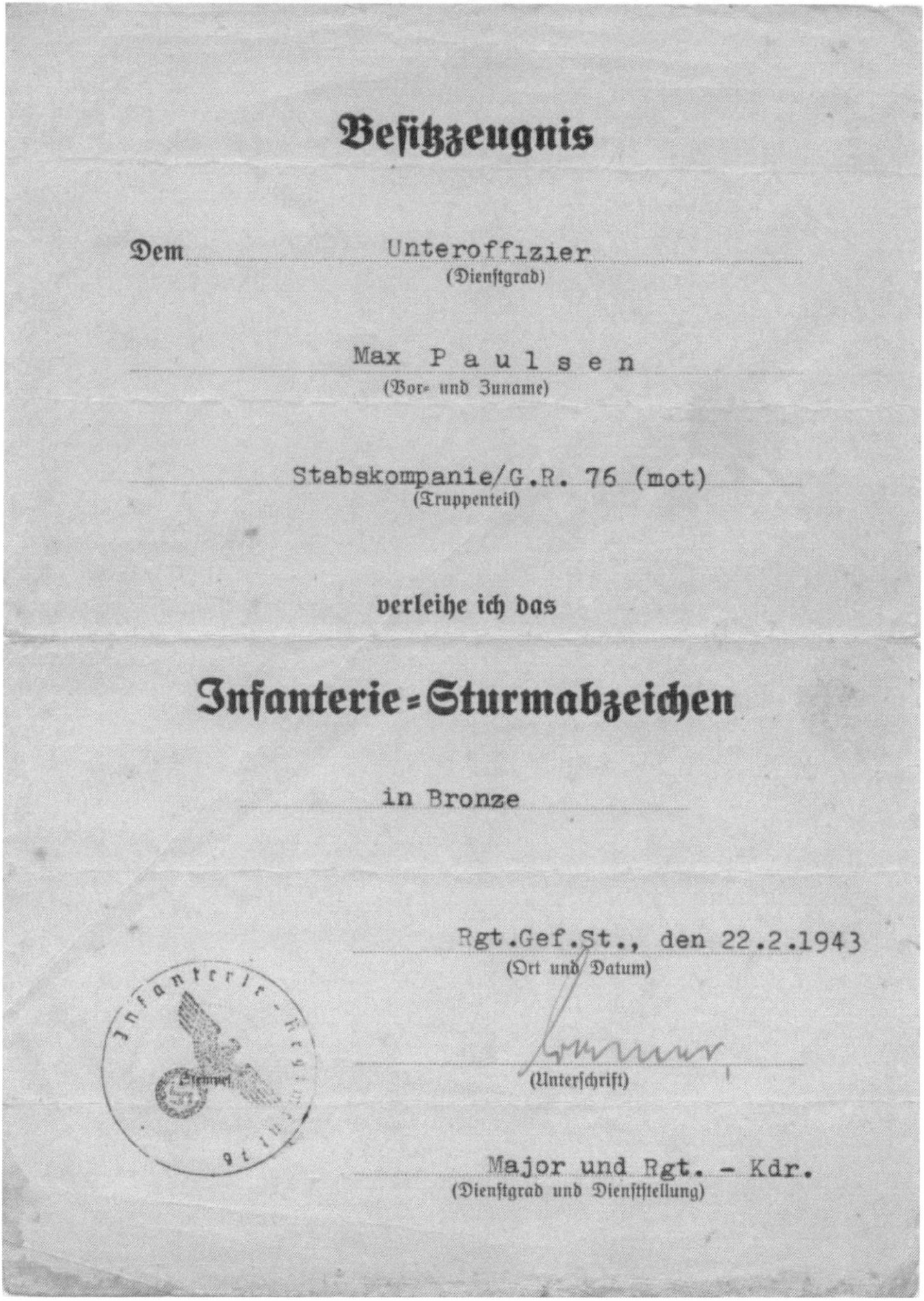

Besitzzeugnis

Dem Unteroffizier
(Dienstgrad)

Max P a u l s e n
(Vor- und Zuname)

Stabskompanie/G.R. 76 (mot)
(Truppenteil)

verleihe ich das

Infanterie-Sturmabzeichen

in Bronze

Rgt.Gef.St., den 22.2.1943
(Ort und Datum)

(Unterschrift)

Major und Rgt. - Kdr.
(Dienstgrad und Dienststellung)

Anmerkungen: *DIN A 5, schmuckloser Vordruck, gotische Schrift*

BESITZZEUGNIS

DEM

Gefr. Adolf B ü s i n g

DIENSTGRAD · VOR- UND FAMILIENNAME

Stabskp./Grenadier-Regiment 121

TRUPPENTEIL

VERLEIHE ICH DAS

INFANTERIE-STURMABZEICHEN

in Silber

Rgt.Gef.Std., den 4.1.45

ORT · DATUM

UNTERSCHRIFT

Oberst u. Rgt.Kdr.

DIENSTGRAD

Gren. Rgt. 121

DIENSTSIEGEL

1848 a

MAXIMILIAN VERLAG BERLIN SW 68

Anmerkungen: *DIN A 4, Schmuckvordruck, späte Variante*

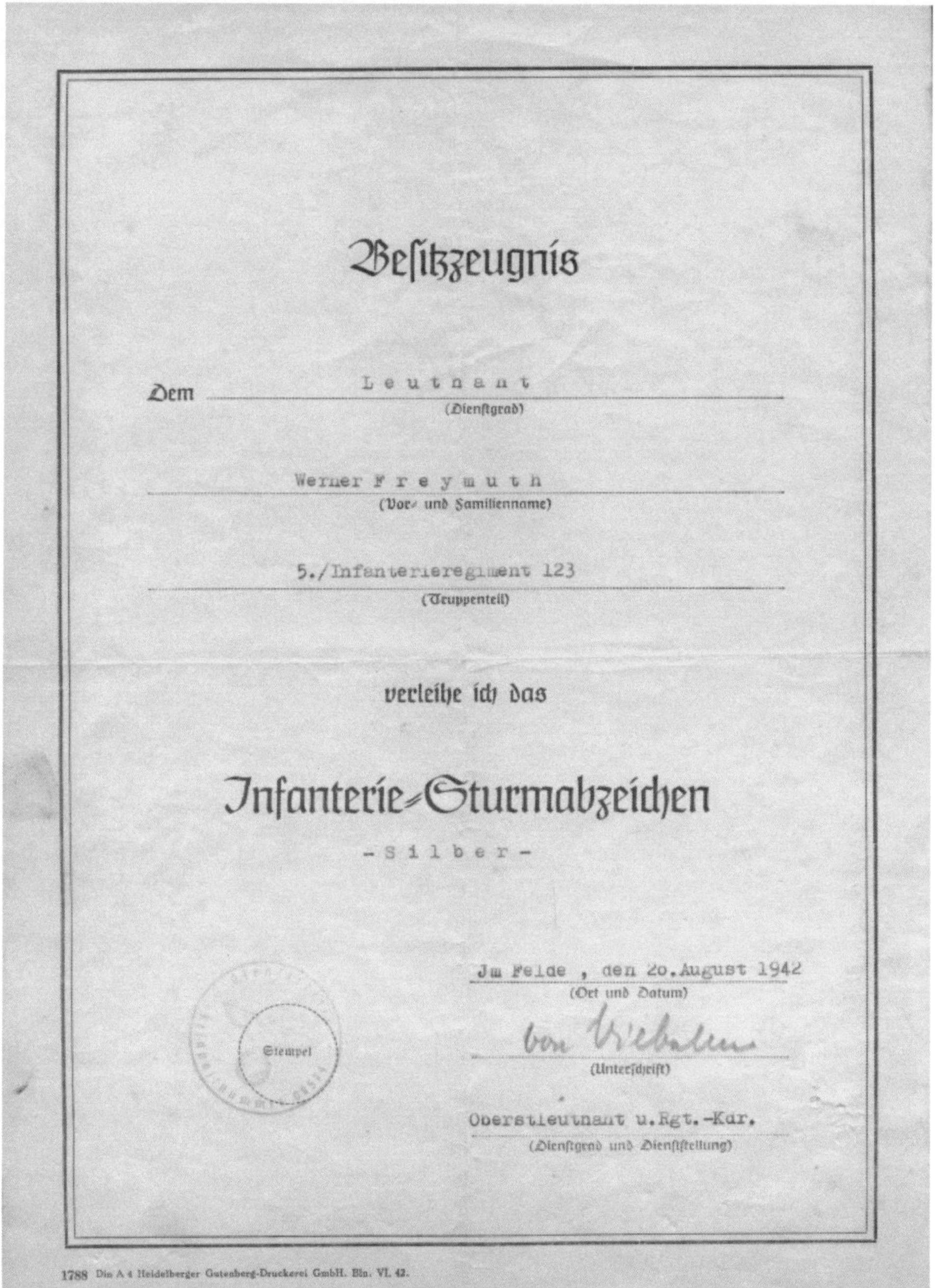

Besitzzeugnis

Dem Leutnant
(Dienstgrad)

Werner Freymuth
(Vor- und Familienname)

5./Infanterieregiment 123
(Truppenteil)

verleihe ich das

Infanterie-Sturmabzeichen

-Silber-

Stempel

Im Felde , den 20.August 1942
(Ort und Datum)

(Unterschrift)

Oberstleutnant u.Rgt.-Kdr.
(Dienstgrad und Dienststellung)

1788 Din A 4 Heidelberger Gutenberg-Druckerei GmbH. Bln. VI. 42.

Anmerkungen: *DIN A 4, schmuckloser Vordruck*

Besitzzeugnis

Dem .... Gefreiten ....
(Dienstgrad)

.... Wilhelm K ö l l i n g ....
(Vor- u. Familienname)

.... 3./J.R.474 ....
(Truppenteil)

verleihe ich das

Infanterie Sturmabzeichen

Rgt. Gef. Stand, den 1. September 1941

....

Oberst u. Regimentskommandeur.

Anmerkungen: *DIN A 4, Schmuckvordruck, Frontfertigung*

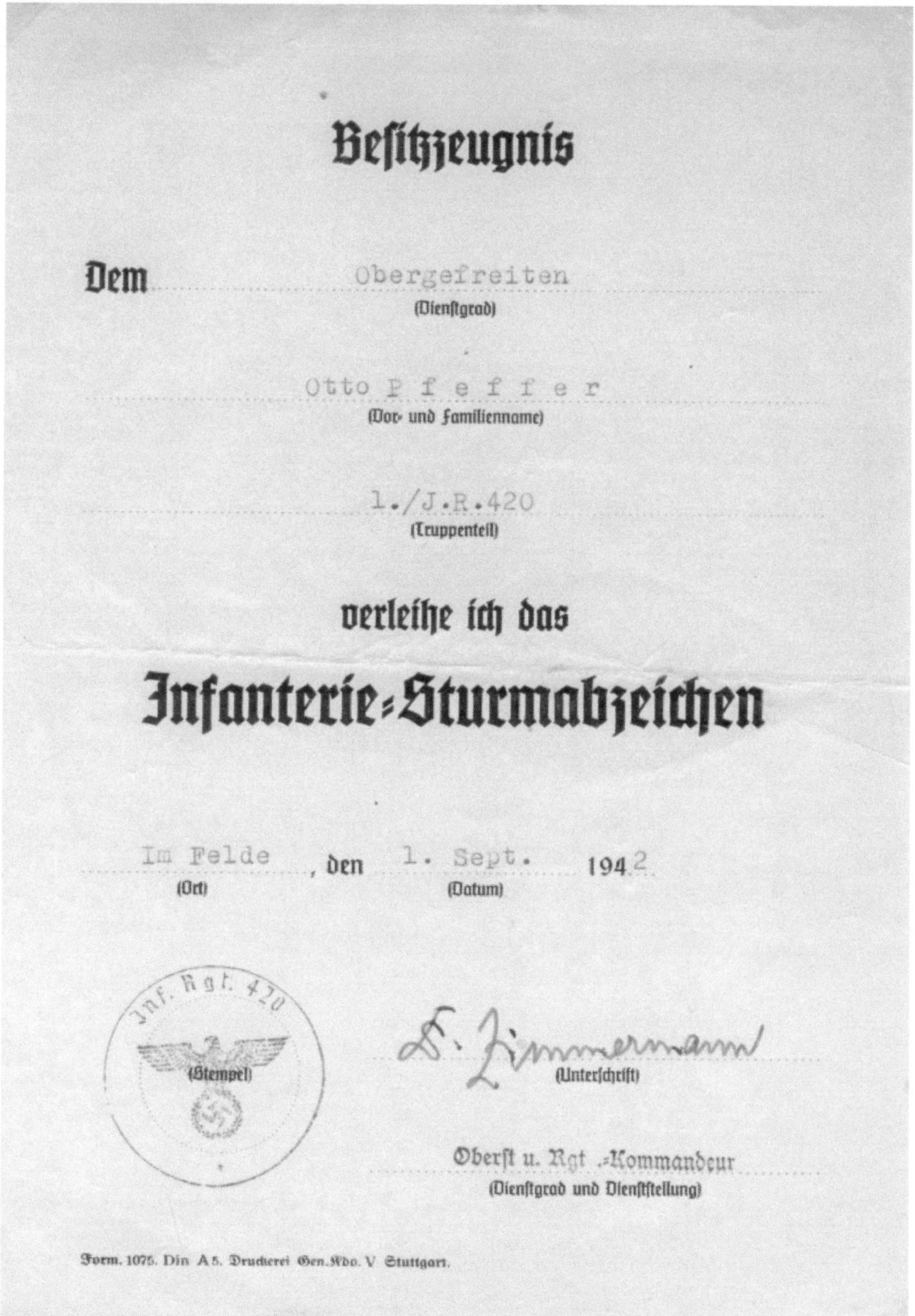

Besitzzeugnis

Dem Obergefreiten
(Dienstgrad)

Otto P f e f f e r
(Vor- und Familienname)

1./J.R.420
(Truppenteil)

verleihe ich das

Infanterie-Sturmabzeichen

Im Felde, den 1. Sept. 1942
(Ort) (Datum)

Inf. Rgt. 420
(Stempel)

Dr. Zimmermann
(Unterschrift)

Oberst u. Rgt.-Kommandeur
(Dienstgrad und Dienststellung)

Form. 1075. Din A 5. Druckerei Gen.Kdo. V Stuttgart.

Anmerkungen: *DIN A 5, schmuckloser Vordruck, gotische Schrift*

Besitzzeugnis

Dem Unteroffizier
(Dienstgrad)

Werner H e l l w e g
(Vor- und Familienname)

4./J.R.503
(Truppenteil)

verleihe ich das

Infanterie-Sturmabzeichen

Jm Felde, den 1. Sept. 1941.
(Ort und Datum)

Stempel

Hellwig
(Unterschrift)

Oberst und Regimentskommandeur
(Dienstgrad und Dienststellung)

Form. W 0240 H. O. Persiehl Haus für Kontorbedarf Hamburg 11, Brandstwiete 1-5

Anmerkungen: *DIN A 4, schmuckloser Vordruck, gotische Schrift*

Besitzzeugnis

Dem Obergefreiten

Alwin Haberland

14./ I.R.517

verleihe ich das

Infanterie-Sturmabzeichen

Rgt.Gef.Std., den 3. 8. 1941.

Oberst u. Rgt.-Kommandeur.

Anmerkungen: *DIN A 4, Schmuckvordruck, auf Wachsmatrize, Frontfertigung*

Eine Gruppe richtet eine Stellung an der russischen Südfront ein. Südrussland 1943 (oben links). Blick aus einer Maschinengewehr-Stellung (hier MG 34) auf eine umkämpfte Stadt (Sewastopol?) und das schwarze Meer auf der Halbinsel Krim (oben rechts). Zwei Infanteristen in Stellung am Terek im Herbst 1942. Es sollte angemerkt werden, dass es sich hier um Angehörige des Sonderverbandes 287 handelt, von dem das I. und II. Bataillon in Südrussland eingesetzt wurde. Dieser Teil des Sonderverbandes sollte über den Kaukasus und Terek auf den afrikanischen Kriegsschauplatz vordringen (unten).

22

23

Wehrdienst

Beförderungen und Ernennungen*)
(auch im Kriege)

Mit Wirkung vom	Befördert oder ernannt zum

Orden und Ehrenzeichen*)
(auch im Kriege)

Art des Ordens usw.	verliehen am (Tag, Monat, Jahr)	verliehen durch Verfügung usw.	Bescheinigung der Dienststelle
E.K. 2. Klasse	16.6.42	Div. Bef. 19/?0	
Inf.-Sturmabzeichen	11.7.42	R.T.B. 19/42	
Medaille Winterschlacht im Osten 1941/42 (Ostmedaille)	1.8.42	R.T.B. 23/42 v. 19.8.42.	Lt. u. Kp.-Fhr. ([illegible])

*) Bestätigung der Beförderungen, Ernennungen und Verleihungen nach Abschluß der aktiven Dienstzeit durch den Entlassungstruppenteil usw. mit Dienststelle, Unterschrift, Dienstgrad, Dienststellung und Dienststempel.

Bei allen Auszeichnungen, auch dem Infanterie-Sturmabzeichen wurde der Besitz bzw. die Verleihung des Infanterie-Sturmabzeichens in das Soldbuch (wurde am Mann mitgeführt) und in den Wehrpass (verblieb beim Tross bzw. Stab) eingetragen und dokumentiert.
Im Soldbuch wurden die Eintragungen gewöhnlich auf der Seite 22 und im Wehrpass auf der Seite 23 vorgenommen. Es wurde das Verleihungsdatum, die Auszeichnung eingetragen und diese durch die Unterschrift des Kompanie- bzw. Einheitsführers zusammen mit dem Truppenstempel beglaubigt.

Orden und Ehrenzeichen*)
(auch im Kriege)

24 21.10.42 Inf. Sturmabz. in silber / Jäg. Rgt. 75

14. Kompanie

F.H.

Oblt. u. Kp. Führer

*) Bestätigung der Beförderungen, Ernennungen und Verleihungen nach Abschluß der aktiven Dienstzeit durch den Entlassungstruppenteil usw. mit Dienststelle, Unterschrift, Dienstgrad, Dienststellung und Dienststempel.

Die Eintragung eines Infanterie-Sturmabzeichens in Silber im Abschnitt 24 auf der Seite 23 eines Wehrpasses (links).

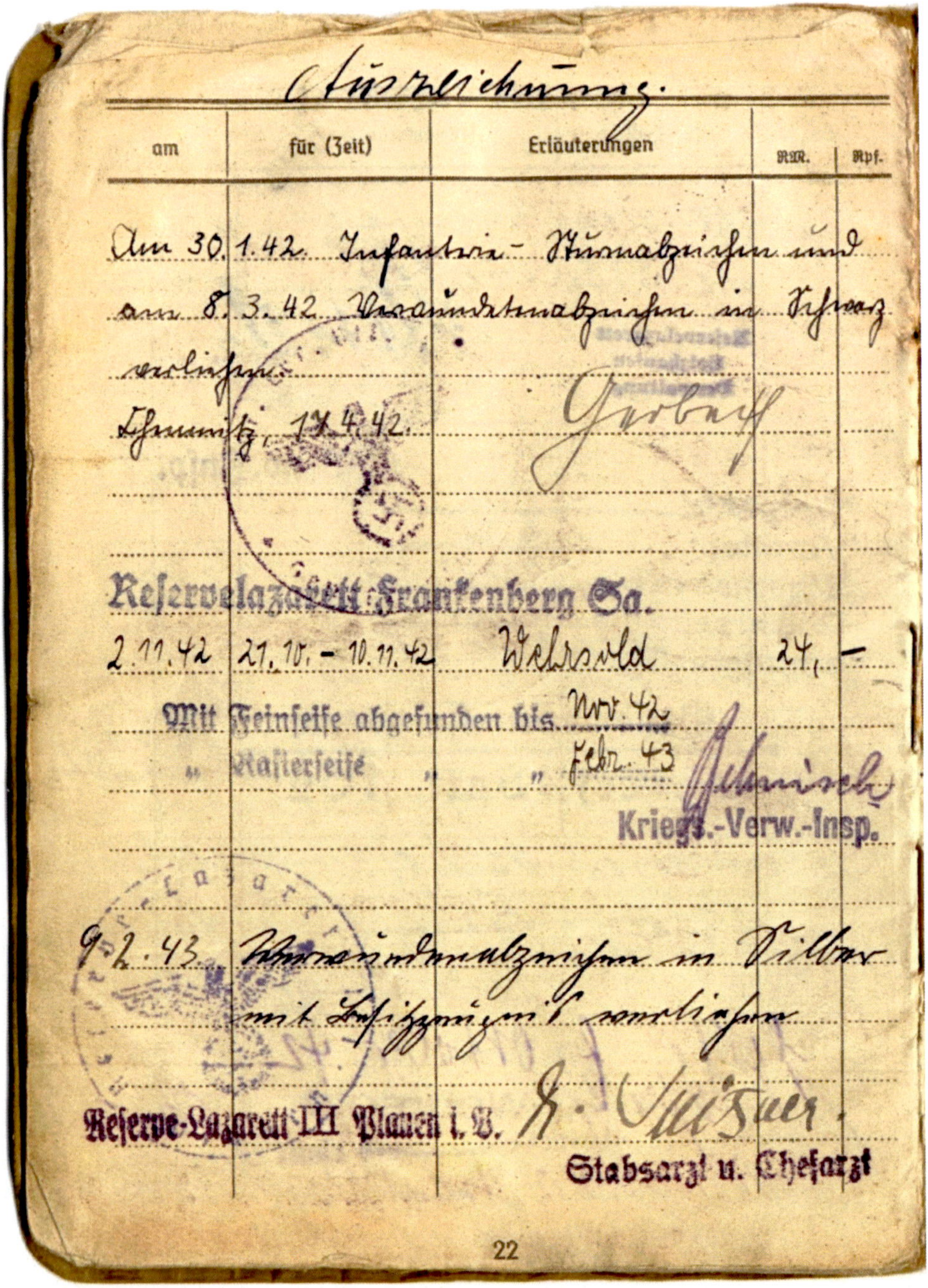

Auszeichnung.

am	für (Zeit)	Erläuterungen	RM.	Rpf.
Am 30.1.42 Infanterie-Sturmabzeichen und am 8.3.42 Verwundetenabzeichen in Schwarz verliehen.				
Chemnitz, 17.4.42.				
Reservelazarett Frankenberg Sa.				
2.11.42	21.10.–10.11.42	Wehrsold	24,–	
Mit Feinseife abgefunden bis Nov. 42				
„ Rasierseife „ „ Febr. 43				
Kriegs.-Verw.-Insp.				
9.2.43	Verwundetenabzeichen in Silber mit Besitzzeugnis verliehen			
Reserve-Lazarett III Plauen i. V.				
Stabsarzt u. Chefarzt				

22

Die Seite 22 aus einem Soldbuch ohne Vordruck für die Auszeichnungen. Beachte die handschriftliche Eintragung für das Infanterie-Sturmabzeichen in Silber.

Angehörige des Infanterie-Regiments 163 haben sich um ein MG 34 versammelt (oben). Der Weg dieses Regiments führte 1940 nach Frankreich, 1941 nach Russland bis vor die Toren Moskaus und 1942/43 nach Orel. Es unterstand der 147. Infanterie-Division (Divisionsgruppe 52).
Deutsche Infanteristen liefern sich ein Feuergefecht mit Angehörigen der norwegischen Armee. Norwegen 1940 (unten links).
Blick in einen Schützengraben auf einer Höhe vor Krasnojarsk. Russland 1941(unten rechts).

Miniaturen

Trug ein mit dem Infanterie-Sturmabzeichen beliehener Angehöriger der Wehrmacht, Waffen-SS, oder Luftwaffe Zivilkleidung (was recht selten vorkam) durfte dieser eine Miniaturnadel des Infanterie-Sturmabzeichens am linken Kragen des Anzugs tragen, um den Besitz dieser Auszeichnung zu zeigen. Auch aus der Wehrmacht entlassene Soldaten (z.B. bei Dienstunfähigkeit in Folge von schwerer Verwundung) durften Miniaturen zur Zivilkleidung tragen.

Miniaturen bestanden aus dem Abzeichen selbst in einem Miniaturformat, meist kaum größer als 2,0 x 1,6 cm, so genannte 16 Millimeter-Miniaturen aus Buntmetall oder Zink
Auf der Rückseite war (meist) eine ca. 4,0 cm lange Nadel verlötet, um die Miniatur an den Kragen heften zu können.
Kleinere Miniaturen (9 mm) kamen sehr selten vor.
Bandspangen mit Miniaturen gab es nachweislich NICHT, und sind die Erfindung findiger Fälscher.

Eine 16 Millimeter-Miniatur für ein Infanterie-Sturmabzeichen in Silber.

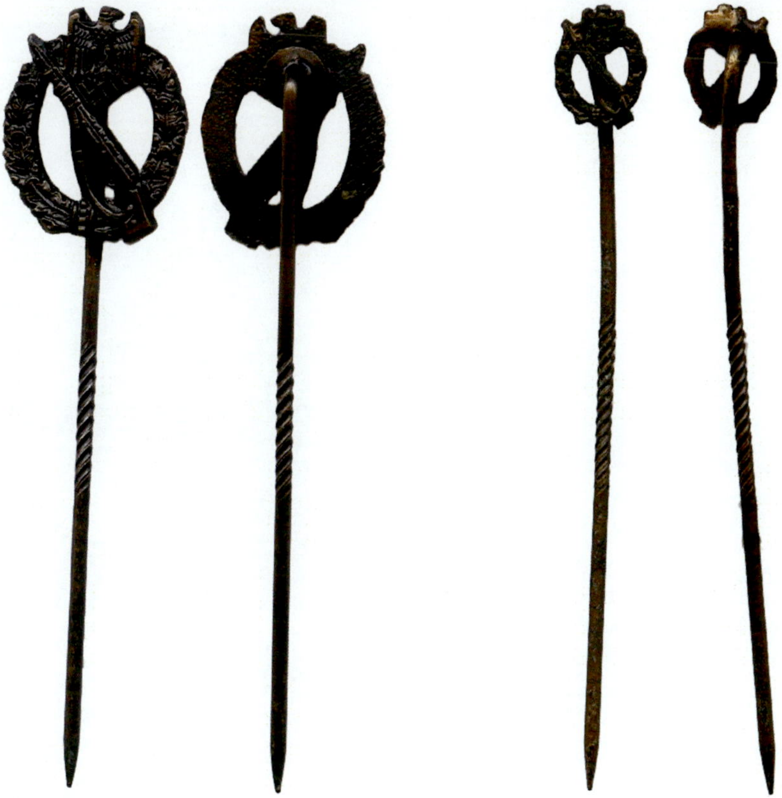

16- (links) und 9 Millimeter-Miniaturen (rechts) aus Zink für ein Infanterie-Sturmabzeichen in Bronze. Details der Miniaturen (unten).

Der Ritterkreuzträger, Oberleutnant Wilhelm Vielwerth vom 1./ Inf.Rgt. 87 mit einem Infanterie-Sturmabzeichen in Silber (Ritterkreuz am 18.10.1941) (rechts).

Angehörige des Sonderverbandes 287 sind mit dem Infanterie-Sturmabzeichen dekoriert. Südrussland 1943 (unten).

Offizielle Stoffausführungen des Infanterie-Sturmabzeichens entstanden aus der Materialknappheit und bestanden aus einem weißen Stoff, auf dem das Infanterie-Sturmabzeichen dreifarbig (mausgrau, grau, schwarz) aufgedruckt war. Es sollen 1945 vereinzelt einige Stoffausführungen ausgegeben worden sein. Die Wahrscheinlichkeit ein Solches auf dem Sammlermarkt zu finden, dürfte nahezu unmöglich sein. Offiziere ließen sich vereinzelt hangestickte Ausführungen des Infanterie-Sturmabzeichens privat anfertigen. Dieses ist durch Trägerfotos belegt (siehe nächste Seite).

Diese Abbildung zeigt ein Infanterie-Sturmabzeichen in bedruckter Stoffausführung. Es entstammt einem alten Foto eines Sammlers erster Stunde. Es ist das einzig bekannte Exemplar das bis jetzt je auftauchte. Der Trägernachweis fehlt jedoch bis zum heutigen Tag.

Ein Polizeimeister trägt an seiner Uniform hangestickte Stoffausführungen des Einsernen Kreuzes 1. Klasse und des Infanterie-Sturmabzeichens. Es handelt sich hier vermutlich um Privatanfertigungen.

Letzte Kampfhandlungen auf der Halbinsel Krim. Russland 1942 (oben). Infanteristen beim Vormarsch in Russland im Sommer 1941(unten).

Ein vom Bundespräsident Professor Dr. Theodor Heuss unterzeichnetes Gesetz vom 26. Juli 1957 erlaubte den Angehörigen der ehemaligen Deutschen Wehrmacht, die nun wieder ihren Dienst bei der neuen Bundeswehr antraten, das Anlegen im 3. Reich bzw. im Krieg erworbener Orden und Ehrenzeichen in entnazifizierter Weise.
Das Infanterie-Sturmabzeichen behielt seine Form der Darstellung, wobei jedoch der Hoheitsadler des Heeres mit dem Hakenkreuz wegfiel.
Es blieben der Eichenlaubkranz und das von rechts nach links aufsteigende Gewehr mit dem aufgepflanzten Seitengewehr übrig.
Die Fertigungsqualität war allgemein bei allen Stücken geringer als bei einem Originalstück aus dem Krieg. Frühe Stücke aus den 60er Jahren sind höher zu bewerten als Stücke die heute noch in Massen, vorwiegend durch Steinhauer & Lück hergestellt werden.
Getragen wurden die Ordensdekorationen meist zum großen Dienstanzug bzw. zum Gesellschaftsanzug der Bundeswehr. Zum alltäglichen Dienst wurden meist Bandspangen mit aufgelegten 9mm Miniaturen des Infanterie-Sturmabzeichens auf der linken Brust getragen.
Es sollte angemerkt werden, dass entnazifizierte (entferntes Hakenkreuz) Originalstücke schon im Sommer 1945 unter Kriegsgefangenen häufig getragen wurden. Mit dem Ordensgesetz 1957 fanden diese Stücke, vorwiegend unter Kameradschaftsverbänden, wieder ihre Beliebtheit. Man sollte solche Stücke nicht unterbewerten. Zusammen mit zeitgenössischen Fotos und Belegen aus der Zeit 1945/46 , haben diese durchaus einen wertvollen Reiz.

Ein Infanterie-Sturmabzeichen in Silber (links) und ein Abzeichen in Bronze (rechts). Das Abzeichen in Bronze ist ein frühes hoch qualitatives Stück.

Seite 122/124

Seite 140

Seite 58

Seite 94/96

Seite 98

Seite 102

Seite 108/114

Seite 38

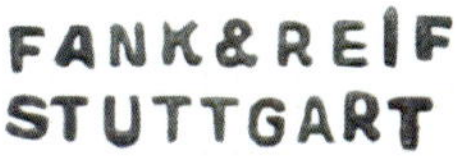

Seite 90

Seite 150

Seite 134/136

Seite 44

Seite 138

Seite 162

Seite 144

Seite 52

Seite 156

Seite 100

Seite 40

Seite 86

Seite 76

Seite 142

Seite 118

Seite 116

Seite 60

Seite 62

Seite 64

Seite 66

Seite 68

Seite 70

Seite 72

Seite 36

Seite 54

Seite 24

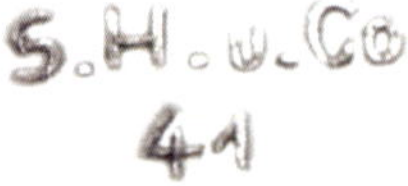

Seite 26

Seite 158

Seite 80/82

Seite 42

Seite 154

Seite 126

Seite 128

Seite 130

Seite 132

E r l a ß
über die Stiftung des Infanterie-Sturmabzeichens
vom 20. Dezember 1939
(Fassung vom 1. Mai 1943)

Als sichtbares Zeichen der Anerkennung des im Sturmangriff bewährten Infanteristen, zugleich aber auch als Ansporn zu höchster Pflichterfüllung, ordne ich hiermit die Einführung des Infanterie-Sturmabzeichens für Schützenkompanien der Infanterie an.

Artikel 1:
Das Infanterie-Sturmabzeichen kann an Offiziere, Unteroffiziere und Mannschaften der Grenadierregimenter, Grenadierregimenter (mot), Jägerregimenter (Batl.), Gebirgsjägerregimenter verliehen werden, die ab 1.6.40 beteiligt gewesen sind
a)an 3 Sturmangriffen,
b) in vorderster Linie,
c) mit der Waffe in der Hand einbrechend,
d) an 3 verschiedenen Kampftagen.
Erfolgreiche gewaltsame Erkundungen, Gegenstöße und Gegenangriffe sind als Sturmangriff zu werten, sofern sie zum Nahkampf geführt haben. Der persönliche Einsatz bei der Erledigung feindlicher Kampfwagen im Nahkampf mit Nahkampfwaffen oder Nahkampfmitteln gilt gleichfalls als Sturmangriff.
Eine Anerkennung von Sturmangriffen vom 1.1. bis 31.5.40 erfolgt nur für die Angehörigen der früheren Schützenkompanien nichtmotorisierter Infanteriedivisionen und Gebirgsjägerkompanien.
Für Sanitätsoffiziere, Sanitätsunteroffiziere und Sanitätsmannschaften gilt Ziffer 1.c) als erfüllt, wenn sie, unter gleichen Kampfbedingungen wie die stürmende Infanterie, im Nahkampfraum Verwundete versorgen und bergen.

Artikel 2:
An die Angehörigen der Grenadierregimenter (Füsilierregimenter), der Jägerregimenter (Batle.) und der Gebirgsjägerregimenter wird das Infanterie-Sturmabzeichen in Silber, an die Angehörigen der Grenadierregimenter (mot.) und Füsilierregimenter (mot.) wird das Infanterie-Sturmabzeichen in Bronze verliehen.

Artikel 3:
Das Infanterie-Sturmabzeichen besteht aus einem Gewehr mit aufgepflanztem Seitengewehr, das von einem ovalen Eichenlaubkranz umgeben ist, der auf dem oberen Teil das Hoheitszeichen der Wehrmacht trägt.

Artikel 4:
Das Infanterie-Sturmabzeichen wird durch den Regimentskommandeur verliehen.
Berlin, den 20. Dezember 1939.

Der Oberbefehlshaber des Heeres
von B r a u c h i t s c h

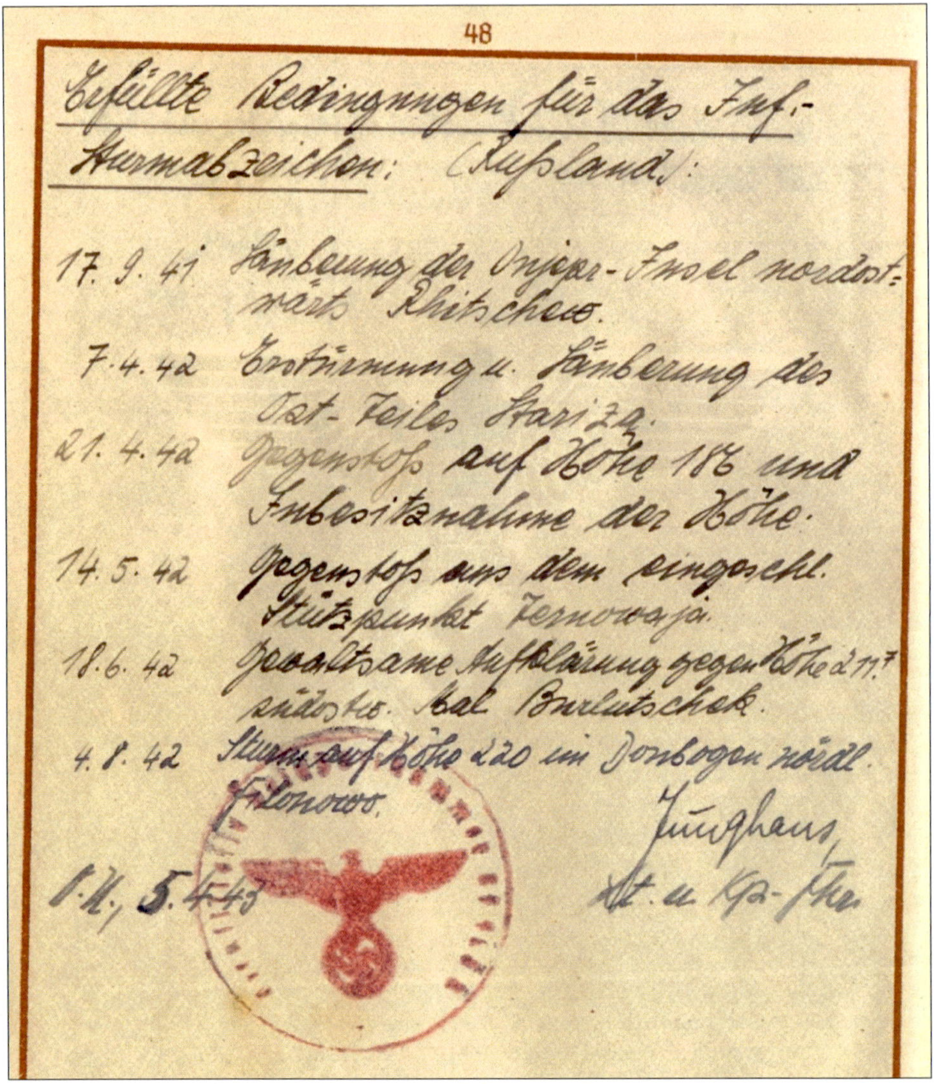
48

Erfüllte Bedingungen für das Inf.-Sturmabzeichen: (Rußland):

17.9.41 Säuberung der Dnjepr-Insel nordostwärts Rhitschew.
7.4.42 Erstürmung u. Säuberung des Ost-Teiles Stariza.
21.4.42 Gegenstoß auf Höhe 188 und Inbesitznahme der Höhe.
14.5.42 Gegenstoß aus dem eingeschl. Stützpunkt Ternowaja.
18.6.42 Gewaltsame Aufklärung gegen Höhe 217,7 südostw. Bal Burlutschek.
4.8.42 Sturm auf Höhe 220 im Donbogen nördl. Filonowo.

Junghans,
Lt. u. Kp.-Fhr.

O.U., 5.4.43

Diese seltenen handschriftlichen Eintragungen aus einem Wehrpass verdeutlichen die Bedingungen die erfüllt wurden.

<u>Quellen:</u>

- Janusz Piekalkiewicz: Der zweite Weltkrieg, Verlag Pawlak 1986
- Dr. K.-G. Klietmann: Auszeichnungen des Deutschen Reiches 1936 - 45
- Frank Heukemes: German Assault Badges of WWII - The General Assault Badge
- Ilustrierter Beobachter, Folge 24 - 1940

WWW.RITTER-ORDEN.DE
RITTER-ORDEN
RITTER-ORDEN
DIE ZEITSCHRIFT FÜR ORDENSSAMMLER
Die neue
FACHZEITSCHRIFT
DIN A4 • Hochglanzmagazin
ISSN: 1862-1368 • Mobilruf: 0176 65031124
JETZT ABONNIEREN
UND KEINE AUSGABE VERPASSEN!
Wissenschaftliche Beiträge
zu Orden & Ehrenzeichen aller Länder und Epochen!
Mehr Informationen unter
WWW.RITTER-ORDEN.DE
KOWAL VERLAG
VERLAGSHAUS CHRISTIAN KORFF